Primeros Auxilios
Angelicales

Remedios para el éxito

Sue Storm,
La dama de los ángeles

Primeros Auxilios Angelicales

Remedios para el éxito

Sue Storm,
La dama de los ángeles

Grupo Editorial Tomo, S. A. de C. V.
Nicolás San Juan 1043
03100 México, D. F.

1a. edición, septiembre 2005.

© *Angels First Aid, Rx for Success*
   Sue Storm
   The Angel Lady™
   Copyright © 2002 by Angelight Productions

© 2005, Grupo Editorial Tomo, S.A. de C.V.
   Nicolás San Juan 1043, Col. Del Valle
   03100 México, D.F.
   Tels. 5575-6615, 5575-8701 y 5575-0186
   Fax. 5575-6695
   http://www.grupotomo.com.mx
   ISBN: 970-775-139-8
   Miembro de la Cámara Nacional
   de la Industria Editorial No 2961

Traducción: Ivonne Saíd
Diseño de Portada: Emigdio Guevara
Formación Tipográfica: Consuelo Rutiaga
Supervisor de producción: Leonardo Figueroa

Impreso en México - *Printed in Mexico*

Mensaje del arcángel Miguel

Primeros auxilios angelicales, remedios para el éxito *tiene como objetivo ser una guía para aquellos individuos en busca de un propósito en la vida. Todos nosotros, desde el reino angélico, ofrecemos verdadera sabiduría y apoyo como una receta para el éxito.*

Dedicatoria

A mi hija Rochelle, quien me inspira a escribir. Ella ha contribuido con mi éxito dándome ánimo y apoyo a través de los años.

Agradecimientos

Escribir este libro ha sido una labor de amor para mucha gente. No habría sido posible realizarlo sin los dedicados esfuerzos de mis talentosos "ángeles asistentes": Conni Pluchino, Mary Jo Porter, Mariana Murphy, y Richard Dilworth.

Otros que han contribuido al éxito de esta obra son: Alan Fox, Michelle Farina, Sally Morrocco, Marty Turck, Lucian Kaminsky, Nancy Banaszak, Kathy Sparrow, Betty Work, Dawna Page, Denice Gierach, Tom Martin y Debbie Manning.

Sinceros cariños a mi familia, los Belkins, por su continuo apoyo: El Mayor y Anita; Bernie y Tiki; Steve y Joan; Julie, Amy, Hadar, Rinat y Michael. También gracias a Hannah Storm; mi tía, Mel Dean; tía, Jessie Belkin; mis primos, Andrea Belkin, Sheila y Steve Cohen, y Joan Bogart.

El crédito se lo doy a los amigos y clientes cuyo apoyo ha sido particularmente acogedor: Hill y Tom Lueken, Ruth Kalas, Thelma Fastner, don O'Neill, Martin Minney, Irena Lewkowicz, Kayrita Anderson, Ed Moline, Cindy Wheeler, Evelyn Rice, Amy Wayton, David Wells, Ann Rhode y Cheryl Maraffio.

Mi gratitud alcanza también a quienes han servido como mis mentores a lo largo de los años: Anne Simon-Wolf, Carol Canova, Sara Allen, Darla Engelmann, Annie

Hall, Genevieve Paulson, Linda Howe y Alice Umbach. Todos jugaran un papel importante en ayudarme a conseguir mi objetivo vital.

Los agradecimientos también incluyen a: Kelley Wardzala, libros y música *Borders*; Diane Simowski, librerías *Barnes & Noble*; Rose George, *Interview Report* radio y televisión; Jeffrey Dauler, *Guest Exchange*; y al Mayor George Pradel (Naperville, Illinois).

A todos aquellos en los medios de comunicación les ofrezco mi cariño: Stewart Bailey, Mike Murphy, Steve McCoy, Vikki Locke, Mike Morgan, Jack Olson, Shawn Novatt, Megan Butterly y Oprah Winfrey, que vive mi sueño de ayudar a la gente.

Gracias especiales a Dios, a "mi hombrecito", y a los ángeles, porque en verdad, la serie *Primeros auxilios angelicales,* es su trabajo.

Contenido

La dama de los ángeles

Mi primer encuentro con una intervención angélica sucedió en East Grand Rapids, Michigan. A los dieciocho meses de edad, envuelta en cobijas casi al borde de la sofocación, tuve una experiencia cercana a la muerte. Sin embargo, ángeles guardianes volando sobre mí, me consolaron y se aseguraron de salvarme. En mi cuarto cumpleaños, una guía especial en la forma de voz que yo bauticé como "mi hombrecito" comenzó a darme buenos consejos. Él me hablaba de lo que pasaría en el futuro y de cómo hacer que las cosas ocurrieran.

Años después en Naperville, Illinois, sucedió un evento extraordinario que cambió el curso de mi vida. Mientras estaba en el trabajo, el techo se abrió y una voz estruendosa me dijo: "¡Sue, tienes que ayudar a la gente!" Mi cuerpo resonó con este poderoso mandato. Respondí inmediatamente: "Sí, Dios ¿qué quieres que haga?" Los años siguientes fueron muy emocionantes a medida que mi propósito se aclaraba. Seguí las instrucciones de Dios de "ayudar a la gente" desarrollando una carrera como asesora de prosperidad —el logro del éxito en todos los aspectos de la vida.

En 1996, "mi hombrecito" me dijo: "haz un cuarto para escribir." El plan divino sirvió para que Bárbara Mark y Trudy Griswold, autoras de *Angelspeake*, usaran ese cuarto para escribir su segundo libro. Mientras las tres colaborábamos, estas mujeres especiales respondieron muchas preguntas. Su revelación más sorprendente fue ¡que "mi hombrecito" era el arcángel Miguel! Él ha estado guiándome todo el tiempo para hacer de los ángeles y de la prosperidad, el trabajo de mi vida.

Ángeles entre nosotros

*L*os seres celestiales actúan como mensajeros de Dios y fueron creados para dar apoyo, guía y protección. Están presentes constantemente, poseen energía sin límites y desean servir a la humanidad. Tres ángeles son asignados a cada recién nacido. Estos guardianes personales quedan a su cargo y le ofrecen cuidado a lo largo de su vida. Los consejos que vienen de los "mensajeros" ayudan a las personas a ser más exitosas.

Todas las religiones monoteístas del mundo reconocen la existencia de los ángeles. A través de la historia, han aparecido en las escrituras y símbolos cristianos, judaicos, islámicos y en muchas otras tradiciones espirituales. Aunque la presencia de ángeles es reconocida en la mayoría de las religiones, no es necesario tener una en particular para recibir su ayuda.

Son cuatro importantes y especialmente poderosos seres celestiales, llamados "arcángeles", los que cuidan de la humanidad. Tienen un gran rango de responsabilidad y ofrecen ayuda a la gente. Los ángeles guardianes son distintos de los arcángeles en cuanto que su atención está enfocada a los individuos que eligieron ayudar.

A los ángeles especialistas se les ha dotado con áreas específicas de sabiduría para que la gente pueda llamar al más apropiado en cada situación. Algunos de ellos adoptan la forma humana durante un breve lapso de tiempo para cumplir un propósito específico y se les llama "ángeles físicos".

Los que han muerto pueden actuar como ángeles guardianes y regresar a la tierra durante cierto tiempo. A menudo su presencia es evidente por un símbolo o señal, como una fragancia familiar o la presencia en un sueño. Se retiran una vez que han cumplido con sus misiones y reaparecen cuando la circunstancia lo requiere.

Los seres celestiales pueden ser enviados instantáneamente a cualquier parte del mundo para ayudar a la humanidad. Los ángeles siempre están disponibles para mejorar el ambiente y perpetuar la paz mundial. ¡Lo que pueden hacer no tiene límite!

Cómo usar este libro

*P*rimeros auxilios angelicales, remedios para el éxito es una guía para buscar el consejo de los ángeles guardianes y beneficiarse de su gran sabiduría. Al comunicarte con seres celestiales puedes enriquecer tu vida. Practicar los ejercicios, llamados "remedios", ayuda a los individuos a mejorar su bienestar físico, mental, espiritual y financiero. Estar conectado con el reino angélico es una forma de sentirte continuamente apoyado y bendecido. *Primeros auxilios angelicales*, como una referencia diaria o un manual, produce un efecto acumulativo que acelera el crecimiento personal.

Este libro también ofrece sugerencias para hacer del éxito una realidad diaria. Al obtener una dirección más clara a través de las técnicas, puedes comenzar a implementar cambios constructivos. Considera todos los remedios como "recetas" de un libro de cocina angélico que al usarse individuales y combinados, realzan el progreso. Cuando se practican regularmente, estos ejercicios se vuelven herramientas valiosas para el éxito.

Las **historias milagrosas** son relatos especiales de las personas cuyas vidas han sido tocadas por seres celestiales. Cada una narra un encuentro maravilloso que haya tenido un fuerte impacto. Estos episodios ilustran la benevolencia del reino angélico.

Los **pasos hacia el éxito** es un repaso profesional por la trayectoria y la experiencia en el negocio de Sue Storm. La dama de los ángeles comparte sus pasos hacia el éxito, junto con ideas para descubrir señales de la infancia que nos ayuden a identificar nuestro propósito en la vida.

Cada uno de los capítulos: **Concentración, Organización, Relajación, Fuerza, Comprensión, Creatividad, Confianza, Energía y Apoyo** así como **Éxito**, contienen información destacada y útil:

Afirmaciones- Declaraciones que producen efectos positivos en la mente, el cuerpo y el espíritu.

Consulta- Ofrece la asesoría de un especialista en ángeles que orienta con perspectivas innovadoras.

Especialistas en ángeles- Una lista de seres celestiales acentuando sus áreas de especialidad.

Caso de estudio- Historias de la vida real que incorporan técnicas y pasos para el éxito de *Primeros auxilios angelicales*.

Remedios- Ejercicios y actividades que promueven el bienestar, y las dosis adecuadas para obtener mejores resultados.

Medicina preventiva- Guía para usar los remedios como un amplio programa de mantenimiento.

Preguntas del éxito- Preguntas a los especialistas en ángeles y remedios primarios acerca de las trayectorias profesionales.

Segunda opinión- Sugerencias de un profesional exitoso para alcanzar la prosperidad.

Historia milagrosa- El encuentro angélico de una persona, y el efecto dramático experimentado.

Receta para el éxito- Ideas y consejos aportados por individuos que han destacado en diferentes campos. Estos participantes fueron seleccionados porque sus recomendaciones o métodos probados de actuar sugieren de una perspectiva espiritual.

Glosario de ángeles- "Un quién es quién" para el reino angélico. Ofrece una lista en orden alfabético que describe cada campo de trabajo de los ángeles. Muchos seres celestiales que no son mencionados en los capítulos aparecen en este glosario.

Claves para el éxito- Es un índice que funciona como parte integral del libro. Puede usarse para localizar remedios buscando las palabras clave. Consultar esta útil guía ayudará a identificar los ejercicios o técnicas más benéficas en una circunstancia particular.

Para mejores resultados

Tómate el tiempo necesario para desarrollar las relaciones con todos tus ángeles e invítalos a ser partícipes de cada faceta de tu vida. Contar con la ayuda celestial se vuelve más fácil con la práctica frecuente. Habla con los "mensajeros" de la misma forma en la que conversarías con tus amigos y descubrirás lo gratificante que puede ser tener como confidente un ángel. Comparte con ellos tus ideas, deseos y sueños para establecer un lazo más fuerte.

Los seres celestiales prefieren ser llamados por sus nombres, así que apréndetelos para hacer un contacto más personal. Una de las mejores formas que alguien tiene para identificar sus arcángeles o ángeles guardianes es escribir o preguntar en voz alta: "Ángel, ¿cuál es tu nombre?" Luego siéntate en silencio y escucha la respuesta.

Los ángeles guardianes son accesibles a las personas en todo momento y hacen evidente su presencia a través de sentimientos, símbolos y sueños. Conservar un estado mental relajado nos permite recibir información clara ya que los mensajes son transmitidos para que el receptor vea, escuche o sea tocado por los ángeles.

Las ideas ofrecidas por los ángeles pueden ser reconocidas fácilmente gracias a que transmiten sentimientos de calidez. Los seres celestiales conversan en un lenguaje fácil de entender. Para iniciar el contacto prepara tus preguntas o peticiones con anterioridad, de la forma más detallada posible. Conserva un diario privado con el mensaje divino que recibas para que puedas consultarlo en el futuro.

Las afirmaciones pueden elevar la efectividad de los remedios angelicales porque estimulan la creencia en lograr resultados positivos. Como declaraciones que se enfocan en una situación ideal, es mejor formular afirmaciones en tiempo presente y repetirlas con frecuencia. Comienza con *"Yo soy..."* o *"Yo tengo..."* cada enunciado.

Genera entusiasmo por las imágenes que aparecen en tu visualización haciendo distintos ejercicios y manten los sentimientos o sensaciones positivas por lo menos durante un minuto. Los beneficios experimentados se imprimirán en las células de tu cuerpo. Después de completar una técnica de *Primeros auxilios angelicales*, relájate con estiramientos.

Realiza los remedios cuando sea más conveniente para ti, haciendo todo lo posible para seguir las instrucciones como son presentadas. Si se requiere de alguna modificación dada las circunstancias —viaje de negocios, presiones por el tiempo, o un lugar inconveniente—entonces usa tu propia creatividad para adaptar o cambiar los métodos recomendados. Los ángeles guardianes responden basándose en las intenciones de progreso que cada persona tiene.

Incluso cuando los ángeles están involucrados, algunos remedios tomarán más tiempo en funcionar. Sé paciente y persevera. A menudo, es necesario tener práctica para distinguir la diferencia entre los pensamientos propios y aquellos que vienen de una fuente angélica. Sin embargo, una vez que esta habilidad ha sido dominada, la comunicación fluye libremente.

Las técnicas de *Primeros auxilios angelicales* han sido practicadas por miles de individuos, que se han convertido en seres alegres, comprensivos, felices y satisfechos. Cree en la guía angélica y confía en el proceso para llevar más lejos tu propio éxito.

Historias milagrosas

*C*ientos de historias de ángeles han llamado la atención de la dama de los ángeles durante sus conferencias, entrevistas en medios de comunicación y sesiones individuales. La vida de la gente a menudo es tocada o transformada a través de estos encuentros. Aunque varían las circunstancias, hay un tema común: los ángeles siempre están disponibles para dar orientación, protección y apoyo.

Ángeles trabajando

Hace muchos años, en el *show* de la Agencia de Conferencistas Profesionales, J.J., un famoso detective de Chicago me contó sobre su contacto con los muertos mientras trabajaba. Un sujeto armado corría por un callejón mientras J.J. lo seguía muy de cerca. De repente el criminal se volteó y disparó al pecho del detective. La bala le pasó tan cerca que le hizo un hoyo en la parte trasera de su impermeable. "¡Los ángeles deben haber movido a la bala o a mí!", exclamó moviendo su cabeza con asombro.

En este momento, Wayne, otro conferencista, se unió a nuestra conversación. Familiarizado con el tema de los ángeles, estaba ansioso de revelar su propia historia angélica: Había estado de visita con algunos amigos en el Estadio de Chicago. Después de cantar el Himno Nacional, Wayne se preparaba para el largo trayecto de regreso a casa, pero al tratar de encender el auto, una bala atravesó la ventana y le dio en su garganta. Poco tiempo después, mientras esperaba a la ambulancia, pensó: "espero que mi ángel guardián no esté de vacaciones".

La recuperación de Wayne fue un milagro sorprendente. Recientemente lo escuche cantar *The Star-Spangled Banner*. ¡No hay duda que su ángel guardián estaba trabajando ese día!

Un plus de inspiración

Después de haber experimentado la intervención angélica en su juventud, Diana estaba ansiosa por reanudar el contacto. Durante una consulta telefónica conmigo, me expresó el deseo que tenía de agradecer a los ángeles guardianes de su padre y luego me relató esta conmovedora historia.

Aunque mi papá era dueño de la compañía, siempre trabajaba a la par de sus empleados. Justo después de mi cumpleaños número once, mi padre sufrió un terrible accidente en una construcción, que le provocó heridas de muerte. Mamá recibió una llamada del hospital en la que le avisaban que papá estaba en cuidado intensivo y que no se esperaba que sobreviviera. Mi siguiente recuerdo es el de estar sentada sola en el oscuro santuario de una iglesia. Por muchas horas, lloré y recé a Dios y a los ángeles de mi padre para que lo salvaran. Éramos tan unidos; no podía dejarlo ir. Tiempo después regresé a casa donde toda mi familia estaba esperando el desenlace fatal. Habían venido de todos lados para despedirse.

Cuando sonó el teléfono al día siguiente, un rayo de esperanza cayó sobre mí. Estaba temblando cuando escuché atenta a mi mamá que decía: "un milagro sucedió anoche. ¡Los signos vitales de tu papá han mejorado y está fuera de peligro!" Dios y los ángeles guardianes habían oído mis plegarias —él todavía estaba con nosotros.

Después de recuperar la conciencia, mi papá recordó haber visto ángeles y oírlos decir sus palabras de aliento. El tener presente esos comentarios de apoyo lo ayudaron a enfrentar valientemente, muchos obstáculos del camino sin quejarse y sin perder la esperanza. A pesar de que papá quedó paralizado de la cintura para abajo, pudimos compartir otros treinta años con él. Desde su muerte, amigos y familiares continuamos inspirados por la actitud positiva de mi papá.

Noche de neblina

Una noche memorable Nancy descubrió que no estaba sola en el camino. Deseaba compartir su encuentro angélico, pero era incapaz de platicarlo con alguien. Durante un programa de radio en California, me contó su experiencia vía correo electrónico.

Hace muchos años cuando estaba en la preparatoria, mis amigos sugirieron que fuéramos a ver una película. Después del cine, llevé a cada uno a su casa, dejando a Stacey al final porque vivía en el campo. De regreso había tanta neblina, que la visión de la carretera disminuía a cada minuto. Me salí del camino, encendí la radio con el volumen alto y me dirigí a casa.

Poco tiempo después se volvió imposible ver a más de unos cuantos metros de las luces del auto. De repente, una mujer atractiva se apareció frente a mí, moviendo sus brazos como si tratara de pararme. Me acerqué y me

(Lee sobre la carrera de Diana en la página 77)

di cuenta que lo que había visto moverse eran unas grandes alas. Parpadee repetidas veces tratando de aclarar mi vista y pisé los frenos para no atropellarla.

Mientras mi vehículo se detenía el ángel desapareció al igual que la neblina. Fue en ese momento que vi un árbol caído justo frente a mí. Sorprendida me senté en completo silencio por unos 20 minutos. Hasta la radio se apagó sin que mis dedos hubieran tocado algún botón.

Desde esa noche, sentí como si mi ángel guardián siempre hubiera estado conmigo. Hoy trabajo para una cadena de ropa y a menudo tengo que viajar para dar servicio a mis clientes. En mis recorridos me mantengo muy atenta por si me encuentro con ese ángel especial en medio del camino.

Trío angélico

Marcia, una coordinadora para Newman-Haas Racing, *describió esta intervención angélica después de oírme hablar en una librería. Se reservó por años de compartir los detalles de este incidente extraordinario, y ahora aprovecha la oportunidad para divulgar su propia historia increíble.*

En una noche invernal durante una nevada, con vientos de treinta bajo cero, me fui tarde del trabajo. Como siempre, no estaba vestida para el clima de Chicago y el aire frío me hacía tiritar.

Para regresar a mi casa necesitaba atravesar una zona subdesarrollada. Mientras conducía por un camino estrecho se ponchó una llanta, mandando mi coche directamente hacia un poste de teléfono. Sin embargo, la dirección del automóvil se corrigió sola y el vehículo se deslizó hacia una entrada.

Rápidamente me recuperé del golpe y me di cuenta de lo que había pasado. Desafortunadamente, en la casa que se encontraba delante de mí parecía no haber nadie y el otro edificio a la vista estaba en construcción. Para mi sorpresa había un coche merodeando en frente de donde estaba. En ese momento desafiar el frío para obtener ayuda parecía mi mejor esperanza. Al llegar a la entrada principal de la casa abrí la puerta y grité: "Hola, ¿hay alguien en casa?"

La radiante luz de la luna brillando a través de las ventanas mostraba claramente tres figuras altas, dos femeninas y una masculina, bajando por las escaleras. La primera en acercarse a mí fue una joven mujer que parecía leer cuidadosamente mis labios mientras yo describía mi difícil situación. Ella aprobaba moviendo la cabeza, luego llamó a sus compañeros.

Pronto entramos a su coche y nos dirigimos de regreso a la oficina usando la luz interior para que la mujer pudiera ver mis labios y seguir las indicaciones que yo le daba. Al llegar, después de manejar con cuidado, abracé agradecidamente a la conductora y me quedé sorprendida al oírla decir en voz alta: "¡sólo no nos olvides!"

Al entrar al edificio voltee para echar un último vistazo. Para mi sorpresa, no había ningún coche, no había huellas en la nieve —sólo yo preguntándome que había sucedido.

Este episodio presenta un ejemplo perfecto de cómo interceden los "ángeles físicos". Los seres celestiales aparecen cuando son necesitados y desaparecen tan pronto su misión ha sido completada. Marcia ahora se siente cómoda revelando información acerca de su intervención angélica. Los individuos algunas veces suprimen sus encuentros hasta que saben de eventos similares que han sido experimentados por otros.

16

Pasos hacia el éxito

*T*omar en cuenta todos los logros anteriores, así como las experiencias previas, diseña un camino firme para el crecimiento futuro. Mi carrera como la dama de los ángeles comprende una variedad única de oportunidades que dan, en última instancia, un fuerte fundamento para producciones angélicas.

Mi primera labor empresarial fue tener una distribuidora de suministros de bolos en el área del medio oeste. Usar la visualización como herramienta para aumentar las ventas, representaba una ventaja definitiva. Dirigía un negocio nuevo, en el que cultivar las relaciones con los clientes y diseñar un catálogo de 4,000 artículos fueron el instrumento principal en la formación y crecimiento de esta organización.

Pasos para el éxito:

- Sé creativo con la publicidad y el marketing.

- Delega responsabilidades y confía en los resultados.

- Trata a los clientes como el activo más importante.

La firma consultora Prosperidad Ahora, se convirtió en el enfoque primario para mi siguiente aventura en los negocios: Maximizar el potencial de los clientes a través de sesiones de entrenamiento era el objetivo principal. Desarrollé técnicas para que los individuos alcanzaran excelencia personal. Estos ejercicios educativos demostraron cómo descubrir talentos y proveerlos de habilidades comerciales.

Pasos para el éxito:

• Identifica y satisface el propósito de tu vida.

• Aprende a manifestar tus metas personales.

• Haz una red enfocándote en tu visión.

Al convertirme en la dama de los ángeles descubrí que hablar en público era mi fuerte. Por muchos años he tenido el privilegio de presentar programas y pláticas a cientos de negocios, organizaciones y despachos comerciales. La experiencia me ha enseñado que para tener el mejor acercamiento hay que dirigirse al público de forma relajada, como si se tratara de una conversación de uno a uno.

Pasos para el éxito:

• Arma el programa para cada grupo individual.

• Apasiónate con el tema de la discusión.

• Haz que fluya la energía con la audiencia.

Escribir libros sobre ángeles y ayudar a la gente a entender el enorme papel que los seres celestiales juegan en nuestro mundo, son partes integrales del propósito de mi vida. Muchas técnicas seleccionadas para mis libros han sido desarrolladas como resultado de la comunicación con los ángeles y el conocimiento adquirido en mi camino espiritual. Con la guía divina, la información fluye hacia mí de varias fuentes.

Pasos para el éxito:

- Crea un área específica de trabajo.

- Cree en el contenido de tu libro.

- Mantén al lector en mente todo el tiempo.

Primeros auxilios angelicales, remedios para milagros fue el inicio de mi carrera en la industria editorial y fue el ímpetu para *Angelight Productions*. Esta organización se ha expandido para motivar y ayudar a individuos a través de pláticas, seminarios de negocios y entrenamiento. *Primeros auxilios angelicales, remedios para el éxito* es el segundo en una serie de libros que ofrecerá una visión profunda de los temas contemporáneos.

Pasos para el éxito:

- Conserva los más altos niveles de excelencia.

• Crea un producto que sea importante y único.

• Trabaja con otros para compartir la misma visión.

Numerosas entrevistas en medios impresos y como invitada a cientos de estaciones de radio por todo el mundo, me permiten interactuar con grandes audiencias. A través de programas a los que se puede llamar, los anfitriones animan a sus escuchas a compartir sus historias con ángeles; este tipo de programas tienen una mayor respuesta. Mi show por cable, *Una visita con la dama de los ángeles*, y las apariciones en *Fox News*, *Talk Soup* y *The Daily Show* me han permitido disfrutar de los beneficios definitivos de tener conexiones angélicas comprensivas.

Pasos para el éxito:

• Ofrece a la audiencia una guía de ayuda.

• Sé energético, vibrante y dinámico.

• Muestra tu entusiasmo.

Informar al público con la versatilidad del reino angélico ha evolucionado hasta convertirse en una meta primordial. Esto envuelve todo, desde que la gente sepa el nombre de sus ángeles guardianes hasta cursos vía Internet de desarrollo personal y profesional. Algunas metas a largo plazo son producir una serie de videos, discos compactos y casettes sobre cómo maximizar las técnicas de *Primeros auxilios angelicales*. Ideas adicionales incluyen artículos de revistas y programas semanales de radio.

Transmitir los mensajes de los ángeles guardianes a través de los medios crearán un impacto positivo en la vida de las personas.

Descubriendo el propósito de mi vida

Fijarse en los talentos que eran evidentes en la niñez y evaluar pistas específicas ayudará a identificar el propósito de una vida. Esta conciencia puede llevar a la gente a determinar el camino más exitoso de su carrera. Para demostrar el proceso comenzaré con mis propias experiencias.

Mi deseo y habilidad natural de entretener a las personas se volvieron evidentes a muy temprana edad. Recitar rimas en la guardería y contar historias para la familia y amigos en cada oportunidad, fueron el primer signo de que sería una conferencista pública. Durante los recitales de baile, el instructor me ponía al frente para que otros compañeros de cuatro años pudieran copiar mis pasos para hacerlos correctamente. Ese fue el comienzo de mis apariciones en un escenario.

De niña a menudo visitaba la oficina de mi padre y disfrutaba al sentarme en su gran silla con los pies en el escritorio. Pretendiendo hablar por el teléfono, cuando en realidad me comunicaba con "mi pequeño hombre", me visualizaba dirigiendo un negocio. Esto parecía un extraño modo de jugar a ser adulta para una niña tan pequeña, a menos que fuera un presagio del futuro.

Durante la preparatoria, di un discurso acerca del rezo público contra el privado que ganó muchos elogios. La gente decía que mi presentación y mis palabras los habían tocado profundamente. La habilidad de mezclar pensamientos e ideas cuando hablo o escribo ha probado ser un don nato. Durante mis años de adolescente, continué presentándome frente a audiencias como bailarina y actriz en el teatro.

Acudir a la Universidad de Michigan me preparó completamente para perseguir una carrera que combinara psicología y negocios; sin embargo, mi pasión era leer a los clásicos y escribir ensayos acerca de esos grandes libros. Al pasar los años también estudié filosofía, historia y religiones comparadas en mi búsqueda por la iluminación.

Repasando el pasado vi claras indicaciones de la forma en que mi vida se desarrollaría. Hablar a grandes audiencias, escribir libros y conectarme con ángeles son expresiones externas de mis talentos naturales. Interpreté estas pistas como la directiva que Dios me dio para traer la sabiduría del reino angélico a la Tierra.

Identificar el propósito de tu vida

Diseñar una estrategía viable para alcanzar el éxito incluye descubrir el propósito de tu vida. Para lograr esta meta, identifica y formula una lista de las áreas principales en las que ya hayas sobresalido. Estos puntos deben reflejar los logros que te llenan de sentimientos de satisfacción. "Técnica de la respiración" y "Álbum de ángeles" harán posible que te conectes con tus pensamientos más profundos.

Técnica de la respiración

Este ejercicio te ayuda a relajarte y estar receptivo a la orientación. Mientras practicas el remedio, invita a Roberto, ángel del balance, a que esté presente. Parándose junto a ti, ofrece apoyo que te permite concentrarte y sentirte tranquilo. Para comenzar la técnica, inhala por la nariz, visualizando el trayecto del aire mientras viaja desde tu cabeza, bajando por tu cuello y espina hasta que alcanza la base del cóccix. Dejando un poco de aire en tu cóccix, comienza a exhalar el balance por tu boca. Repite esta confortable rutina tres veces. Nota como trabaja el remedio mientras tu cuerpo libera la tensión, teniendo como resultado una gran sensación de relajación. Inmediatamente te sentirás más sereno y centrado para tomar el siguiente paso.

Álbum de ángeles

Pide dirección angélica para armar un álbum que contenga experiencias de tu juventud que resalten tus talentos y habilidades intrínsecas. Pon tu mano izquierda en tu frente y la derecha en la parte de atrás de la cabeza, sobre el cuello. Concéntrate en traer recuerdos que definitivamente revelen lo que era único de tus prioridades a la edad de cinco años. Pregunta a tus padres y familiares para obtener pistas que apunten tus atributos inherentes. Esta ayuda te dará mayor claridad en las áreas en las que mostrabas interés. Mirar las fotografías de los álbumes familiares también puede ser importante. Visualiza fotografías de ti mismo cuando eras un niño y estabas comprometido con tus actividades favoritas. Coloca estas fotografías en un álbum imaginario. Repite este procedimiento, recordando los momentos memorables de cada fase de tu vida. Localiza cualquier pista preguntándote lo siguiente:

¿Qué es importante para mí?

¿Qué me hace especial?

¿Qué me trae paz?

¿Qué me gusta hacer?

¿Qué es fácil para mí?

Mientras consideras las respuestas, pide a Cory, ángel del desarrollo de la carrera, y a Bettina, ángel de la creatividad, que arrojen luz en las ocupaciones o labores que mejor aprovecharían el uso de tus talentos distintivos. Una vez que hayas obtenido estas ideas y conocimientos, las puertas de las oportunidades comenzarán a abrirse.

Para beneficios adicionales, crea una entrevista profesional similar a la de "Pasos para el éxito" de Sue Storm. Asegúrate de detallar tus habilidades especiales y tus dones personales. Anota cualquier cumplido que aporte datos únicos y que se haya transformado en resultados positivos. Usar este proceso te ayudara a descubrir el camino de tu carrera, haciendo tu vida más fácil y próspera.

AFIRMACIONES

Tengo esperanza y estoy concentrado.

Tengo deseos de ser exitoso.

Soy sabio y optimista.

Tengo metas definidas en mi mente.

Siempre estoy en el presente.

CONCENTRACIÓN

CONSULTA

*T*ener metas específicas y planes bien construidos son ingredientes esenciales para el éxito. Para formular la estrategia perfecta para alcanzar esos objetivos se necesita de concentración así como de claridad. Poner atención en lo más importante le traerá significado a la vida y asegurará el crecimiento hacia la prosperidad.

Gordon, ángel de la concentración

ÁNGELES ESPECIALISTAS

	Arcángel Miguel
Carolina	Ángel de los pensamientos positivos
Christopher	Ángel de las oportunidades
Cornell	Ángel de la toma de decisiones
Jason	Ángel de la organización
Luisa	Ángel de la claridad
Loretta	Ángel de las nuevas empresas
Lucian	Ángel de los recursos
Perrie	Ángel de la música

| Ruth | Ángel de la justicia divina |
| Samuel | Ángel de la excelencia |

CASO PRÁCTICO- *Encontrar el camino correcto*

La importancia de tener una mejor educación guió las aspiraciones de Donna al estudio de una carrera. Aunque esta mujer probó el éxito muy joven, sentía que algo faltaba en su vida.

Para hacer un cambio en el mundo me convertí en CPA y abogada. También hice una maestría en administración de empresas para complacer a mis clientes. Mi interés siempre fue ayudar a las víctimas de la injusticia que necesitaban de un guerrero fuerte que los defendiera. Los casos que más me interesaban se relacionaban con las enseñanzas de mis padres sobre la "honestidad y decencia".

Haber alcanzando un alto nivel de éxito profesional a la edad de 30 años no me parecía suficiente; todavía sentía que debía descubrir el propósito de mi vida. Así que leer las técnicas de *Primeros auxilios angelicales* en el periódico, me inspiró a investigar esta nueva oportunidad. La técnica del "álbum de ángeles" me reveló un escenario que incluía una imagen intensa, donde yo aparecía protegiendo valientemente a una nueva amiga de un abuso. Esto me aclaró que mi propósito era defender a los que no podían hacerlo solos. Me di cuenta del beneficio de integrar los valores que había aprendido en la niñez a mi práctica profesional.

Gané confianza siguiendo el camino correcto, combinado con el apoyo de Ruth, ángel de la justicia divina, quien refuerza todas mis labores profesionales. Esto me permite hacer que cada uno de mis clientes sea un ganador.

Pasos hacia el éxito de Donna

Mira a través de los espejos de la integridad y la verdad. Concéntrate en un curso de acción y persiste. Si se necesitan cambios, no titubees en alterar un plan para que funcione mejor.

REMEDIOS

Declaración de una visión

La mayoría de las compañías ya tienen una declaración de visión. Los profesionales inteligentes van un paso más adelante al crear una declaración con una visión personalizada. Formula los planes que resultarán en éxito. Utiliza a los ángeles como asesores para determinar lo que más contribuiría al crecimiento de tu organización. Describe de tres a cinco afirmaciones que definan una estrategia para el desarrollo de la compañía. Un ejemplo de una declaración de visión efectiva: *Estoy creando un negocio exitoso. Tengo muchos recursos disponibles. Estoy siendo recompensado por mis esfuerzos*. Mientras contemplas un futuro próspero y satisfactorio, repite estas afirmaciones en voz alta tres veces. Esta es la forma perfecta para notificar a los ángeles de tus intenciones de avanzar.

Dosis: Todos los días.

Establecimiento de metas

Los empresarios saben la importancia de establecer las metas por alcanzar. Christopher, ángel de las oportunidades, provee este método único para lograr estos objetivos. Cada mañana, toma una hoja de papel y escribe en la parte de arriba: "Los milagros de ángeles llenan mi día". Haz la lista de tus metas, incluyendo todos los detalles, tales como cuánto dinero deseas ganar, el tiempo requerido, los materiales necesarios y cualquier otra cosa necesaria para ser exitoso. Añade otras consideraciones que harán cada día más agradable. Conserva el papel donde puedas verlo con facilidad y repite las metas con frecuencia.

Confía en que tus socios del reino angélico están ocupados ayudándote a crear resultados milagrosos.

Dosis: Todos los días por la mañana.

Niebla mental

Al enfrentarte a una gran reunión de negocios, tu cerebro puede estar un poco nebuloso, dificultándote la concentración que requieres. Lleva a cabo el siguiente ejercicio para aclarar y reenfocar tus procesos de pensamiento. Visualiza a Luisa, el ángel de la claridad, junto a ti para asistirte. Parado o sentado cómodamente, extiende tus brazos hacia delante con las palmas de la mano hacia abajo. Luego separando tus dedos muévelos rápida y energéticamente por diez segundos. La mejora en la vista y el sentido de bienestar son reacciones típicas que indican el regreso de la claridad. Ahora te sentirás fresco y más capaz de llevar a cabo los puntos en tu agenda.

Dosis: Cuando sea necesario.

Sacando inventario

Alinear los talentos individuales con las habilidades requeridas aumenta el potencial para el avance. Practica este remedio para expandir tus capacidades y crear mejores oportunidades. Haz una lista de las cinco mejores cualidades que un profesional ideal posee, por ejemplo: concentración, responsabilidad, eficiencia, fiabilidad, y rapidez. ¿Tus características coinciden con las de esta descripción? Si no, pide ayuda a Lucian, ángel de los recursos, para desarrollar los rasgos deseados. Luego exhibe estos atributos positivos pensando y actuando como si ya hubieras alcanzado el éxito. Lucian te ayuda a obtener y perfeccionar las cualidades necesarias para el crecimiento en tu carrera.

Dosis: Dos veces por semana.

Ritmo barroco

Para mantenerte alerta y en la cima de tu juego, alcanza la concentración necesaria a través de la terapia musical. Escucha una canción barroca de fondo para organizar los pensamientos y mantener el balance. Esta técnica es efectiva porque el tiempo de 60 golpes por minuto se sincroniza con el cerebro humano. Además al comienzo de la canción golpea con tu dedo derecho, al menos por diez segundos, llevando el ritmo. Cambia de mano y repite el proceso. Imagina a Perrie, ángel de la música, mientras te acompaña golpeando sus alas. Gana estabilidad y mantente calmado mientras disfrutas el ambiente pacífico producido por la música.

Dosis: Regularmente.

MEDICINA PREVENTIVA

√ Cuatro remedios, tres veces por semana.

√ Tres afirmaciones, dos veces por semana.

PREGUNTAS PARA EL ÉXITO

¿Pueden los ángeles contribuir en el comienzo de un negocio?

Apresura el proceso de formar una nueva compañía acercándote a los expertos celestiales para obtener su guía y apoyo. Los ángeles especialistas infunden confianza en los empresarios para que comiencen un negocio próspero. Dan apoyo para obtener fondos, reclutar empleados y atraer clientes.

Ángel especialista: Loretta, ángel de las nuevas empresas.

Remedio primario: *Declaración de una visión*, página 43.

¿Mejoran los ángeles las habilidades de administración?

Los seres celestiales asisten a los ejecutivos para desarrollar equipos de alto rendimiento. Al conectarse con los "mensajeros", los profesionales logran la claridad de pensamiento que realza su capacidad de administración productiva. Los ángeles dirigen a los líderes para que efectúen un cambio benéfico y transmitan los consejos para las relaciones con sus empleados.

Ángel especialista: Samuel, ángel de la excelencia.

Remedio primario: *Correo de voz*, página 90.

SEGUNDA OPINIÓN

Diana Jordan - *Prensa Asociada de Radio, anfitriona de la entrega de premios y productora de* Entre líneas *y* Portafolio. *Crítico de libros para el* Pórtland Tribune *y* AM Noroeste (*afiliada a la* ABC).

El éxito es un espacio profundo, silencioso y calmado, que algunos llaman fe. Cuando estoy concentrada, el ambiente se torna favorable para que suceda la magia. La pasión por los libros y la verdad me han llevado a seguir mi visión. Durante las entrevistas con cientos de autores, he recibido numerosos mensajes especiales de esta gente sabia. Actuar como puente para que se diga su verdad intensifica mi propio sentido de realización. Para mí, los buenos medios son una herramienta para iluminar, educar y entretener.

Palabras clave: Fe, pasión, verdad.

Historia de un milagro

Gratitud angélica

Escuchando un programa de la costa este, Heather, una fotógrafa de Nueva York, llamó para hacer una consulta de negocios y compartió las siguientes experiencias. En sus propias palabras: "Un verano, mantuve a mis ángeles guardianes trabajando horas extras".

Todos los días al viajar por la ciudad para tomar fotografías, necesito cruzar avenidas muy ajetreadas. Una mañana que el tráfico estaba particularmente pesado, me puse a pensar muy profundamente por qué la luz del semáforo se veía verde cuando en realidad estaba en rojo. En eso crucé justo entre el tráfico creando un gran caos, mientras los conductores tocaban el claxon y los coches pasaban a gran velocidad. Milagrosamente alcancé la banqueta sana y salva. Los transeúntes parados junto a mí estaban sorprendidos. Una mujer dijo: "Todos vimos un ángel escoltándote cuando cruzabas la calle".

Un segundo incidente sucedió cuando mi departamento estaba siendo remodelado y unos amigos me invitaron a compartir su *penthouse* que daba al río Hudson. Su habitación de invitados tenía una gran ventana que daba a la escalera de incendios. Una tarde, con las prisas de fotografiar un maravilloso atardecer, me salí por la ventana y me incliné hacia delante. Un gran ángel estaba directamente frente a mí, apuntando hacia abajo. ¡Qué impresión! La escalera de incendios tenía un gran hoyo. Un paso más y... Bueno, todo lo que puedo decir es, "gracias ángel".

AFIRMACIONES

Tengo la habilidad de priorizar.

Tengo todo en su lugar.

Soy experto en ser puntual.

Tengo elecciones en lo que hago.

Soy completamente organizado.

ORGANIZACIÓN

CONSULTA

*U*sar sabiamente los recursos y priorizar metas hará más fácil enfrentar, de manera efectiva, las responsabilidades. Mantener un enfoque claro con una planeación sistemática hábil y el adecuado manejo del tiempo, ayudará a los individuos a ser eficientes y productivos. Con una organización sólida, el rendimiento estará en el clímax.

Jason, ángel de la organización

ÁNGELES ESPECIALISTAS

	Arcángel Gabriel
Carolina	Ángel del pensamiento positivo
Cornell	Ángel de la toma de decisiones
Courtney	Ángel de la responsabilidad
Denice	Ángel de la contabilidad
Jessie	Ángel de las fechas límite
Loretta	Ángel de las nuevas empresas
Mariana	Ángel de la eficiencia

Nancy	Ángel de la productividad
Raimundo	Ángel de la tecnología
Sally	Ángel de la perseverancia

CASO PRÁCTICO- *Visualizando el resultado*

Aunque Kevin tuvo que enfrentar muchos retos los años pasados, triunfó sobre todos ellos. Como ejecutivo escaló en la estructura corporativa, hasta que finalmente encontró su nicho.

Después de dejar una relación infeliz y mi puesto en un corporativo de telecomunicaciones en Nueva York, regresé a Chicago. Un amigo, consciente de que yo estaba evaluando opciones de carrera, sugirió que fuéramos a la presentación de un libro de ángeles en una librería local. Ese día cambió mi vida para siempre.

Saber sobre las técnicas de *Primeros auxilios angelicales* realmente llamó mi atención. Dos de los remedios que encontré de más ayuda fueron "Escala hacia el éxito" y "Ve por el oro". Usar "Incremento de poder" me fortaleció para decidirme a tener éxito. Esta vuelta espiritual me dio la confianza necesaria para asegurarme una posición ejecutiva con un corporativo internacional.

Una vez empleado, encontré el método perfecto para organizar mis pensamientos, colocando cada pieza como si fuera un rompecabezas. Esto me permitió visualizar los resultados preferidos y concentrarme en resultados rápidos. El sistema funcionaba bien y recibí varias promociones que triplicaron mis ganancias en el primer año. Durante los cuatro meses iniciales, los líderes de la compañía comenzaron a pedirme consejos. A nivel personal, comencé a salir con una mujer que comparte mi creencia en los ángeles.

Pasos hacia el éxito de Kevin

Mira la vida como un rompecabezas —una estrategia surge mientras vas colocando las piezas. Haz un nuevo plan, luego espera un milagro. Confía en los mentores, incluyendo a los ángeles, para que actúen como fuentes de sabiduría.

REMEDIOS

Pieza por pieza

Las responsabilidades diarias presentan obstáculos. Reducir las tareas a un tamaño más viable las hará más fáciles de manejar. Con Jason, ángel de la organización, cerca, dibuja un círculo representando el contorno de un pastel y divídelo en seis rebanadas. Etiqueta los trozos con las preocupaciones que estás enfrentando. Fíjate en la que requiere más atención. Haz una lista de las acciones necesarias para dirigir o resolver cada problema y luego muévete a la siguiente rebanada. Después de priorizar todas tus responsabilidades, pide a Jason que te ayude a completar una por una las porciones. Date la oportunidad de probar cada "bocado" mientras disfrutas el dulce sabor del logro.

Dosis: Regularmente.

Si o no

Cuando inicies la búsqueda de un trabajo, es importante que tomes decisiones sólidas. Para determinar qué carrera incorporará el propósito de tu vida, usa este ejercicio. Visualiza a los ángeles parados; luego coloca las puntas de los dedos de cada mano en el esternón. Después de eligir una carrera, expresa una oración simple que te ayude a descubrir si es la correcta. Por ejemplo, piensa en un trabajo como programador de computadoras mientras dices en voz alta: *Ser programador de computadoras es el trabajo adecuado para mí*. Si te inclinas hacia el frente, la respuesta es "sí". Un movimiento hacia atrás indicará que hay una mejor opción. La inteligencia corporal también brinda respuestas a preguntas similares en otras áreas de tu vida. Los ángeles recomiendan practicar este remedio como una herramienta para guiarte.

Dosis: Cuando sea requerido.

Tiempo de prosperidad

Llegar a la fecha límite de entrega de trabajos y organizar varias tareas puede manejarse mejor teniendo una organización eficiente del tiempo. Sacar ventaja del "tiempo angélico" te permite alcanzar un nivel más alto de productividad. Imagina que tu pecho se expande aproximadamente 15 cm. de cada lado. Visualiza que tu torso permanece en este estado, lleno de espacio extra. Mírate a ti mismo realizando las actividades para los que necesitas esta extensión de tiempo. Cuando hayas terminado el trabajo, regresa tu pecho a su tamaño original. Esta técnica es invaluable para crear una sensación de seguridad y obtener paz interior.

Dosis: Cuando sea requerido.

Siguiendo

La determinación y el compromiso son necesarios para seguir una aventura hasta terminarla. Cuando abordes un nuevo proyecto, deja que Nancy, ángel de la productividad, y Sally, ángel de la perseverancia, sirvan como mentores. Son entusiastas y están ansiosas por ayudar, así que consúltenlas varias veces al día. Pide su guía o consejos relevantes para completar exitosamente tu proyecto. Escucha atentamente hasta encontrar la sabiduría de sus respuestas. Cuando comiences a entender estos mensajes, los beneficios adicionales se volverán evidentes. El resultado será una sensación intensa por haber fortalecido los logros gracias a la conexión con los recursos angélicos.

Dosis: Cuando lo desees.

Meta al día

La eficiencia aumenta cuando tus pensamientos están en orden. El valor de esta técnica es aprender a escribir afirmaciones que te prepararán para el éxito definitivo. Con la supervisión de Mariana, ángel de la eficiencia, en una hoja de planeación escribe la meta del día. Comienza la afirmación con *yo soy*... o *yo tengo*..., asegurándote de que sea positiva. Elige una fecha, la cantidad en pesos que esperas y todo lo que sea requerido para obtener el resultado deseado. Cuando la tarea sea completada, la posibilidad de alcanzar pequeñas metas aumenta, mientras desarrollas la confianza para seguir adelante y lograr otras más grandes.

Dosis: Diario.

MEDICINA PREVENTIVA

√ Dos remedios, tres veces por semana.

√ Tres afirmaciones, dos veces por semana.

PREGUNTAS PARA EL ÉXITO

¿La intervención angélica disminuye la responsabilidad?

Los ángeles son compañeros constantes, y nos ofrecen las herramientas básicas para hacer las responsabilidades más manejables. Los "mensajeros" facilitan la organización y proveen los medios para llevar a cabo las labores y tareas. Los seres celestiales actúan como sistema de apoyo para terminar un proyecto de forma viable.

Ángel especialista: Courtney, ángel de la responsabilidad.

Remedio primario: *Pieza por pieza*, página 54.

¿Cómo inician la productividad los ángeles?

Los ángeles tienen recursos ilimitados disponibles para ayudar a los individuos a volverse más hábiles e incrementar la producción. También crean una atmósfera que conduce a completar tareas con tranquilidad. Los seres celestiales dan muchas ideas e inspiran a la gente para que mantengan la concentración en sus actividades actuales.

Ángel especialista: Nancy, ángel de la productividad.

Remedio primario: Siguiendo.

SEGUNDA OPINION

Rita Emmett - *Oradora pública, seminarista, profesora y consultora de varios negocios. Autora de*: El manual de la persona indecisa: Dominando el arte de hacerlo ahora.

Un secreto real para la organización y la administración del tiempo, es que la gente ocupada tiene la opción de decir "no". Cuando estés decidiendo si tomas una tarea, valora la importancia de la petición. Debes establecer prioridades tomando en cuenta que una gran o costosa decisión requiere de más pensamiento y energía. Asegúrate de considerar el tiempo extra y la posibilidad de necesitar fondos adicionales. Escribe tus propios objetivos, comprométete con ellos y prosperarás. Ten en mente que el humor combinado con el entusiasmo es lo que se requiere para un estilo de vida exitoso.

Palabras clave: Opciones, prioridades, humor.

Historia milagrosa

Nieve de ángel

Eleanor, una maestra retirada de primaria, estaba visitando a sus parientes en el sur de Illinois. Ella hizo el viaje para acudir a una reunión de ex alumnos cerca de ahí. De la nada, Eleanor escuchó una fuerte voz que le decía que volviera a casa.

Mi familia estaba preocupada y no quería que me fuera. Todos sabían que manejar en condiciones de ventisca podría ser muy peligroso; sin embargo, un sentimiento de urgencia me hizo partir de inmediato. Mientras viajaba por un camino silencioso y desierto noté a un vehículo cubierto de nieve estacionándose en el costado. Varias millas después, una voz familiar y distintiva me dijo: "Da la vuelta y regresa". Me pareció muy claro que este importante mensaje se refería al carro que había pasado.

Ignorando mi naturaleza generalmente cautelosa, seguí los instrucciones y rápidamente regresé a donde estaba el coche estacionado. Para ese entonces estaba cubierto por dos pulgadas más de nieve. Al quitarla vi a un hombre y a una mujer cubriendo a un bebé que trataban de mantener caliente. Sorprendidos, pero aliviados de verme, el hombre, un entrenador de baloncesto, me dijo que habían estado atrapados en ese lugar por horas.

Después de llevar a esta agradecida familia a su casa, regresé para pasar más tiempo con mi familia y compartí con ellos esta increíble historia. Creo que el arcángel Miguel fue la fuente que me guió ese agitado día.

AFIRMACIONES

He encontrado el balance.

Estoy calmado y sereno.

Tengo una vida pacífica.

Estoy contento y relajado.

Tengo tiempo recreativo.

RELAJACIÓN

CONSULTA

*U*na mente y cuerpo tranquilos hacen posible alcanzar niveles de desarrollo más altos. Con un estado armónico del ser, los individuos son capaces de invertir plenamente en la realización de sus metas y objetivos. Dejar tiempo para uno mismo es esencial para mantener la fluidez que permite el éxito continuo.

Joanne, ángel de la relajación

ÁNGELES ESPECIALISTAS

	Arcángel Rafael
Alicia	Ángel de la serenidad
Blake	Ángel del confort
Eileen	Ángel de la felicidad
Marilyn	Ángel del tiempo libre
Patrick	Ángel de los deportes
Perrie	Ángel de la música
Roberto	Ángel del balance

Susan	Ángel de los viajes
Tyler	Ángel de la abundancia
William	Ángel de la paz

CASO PRÁCTICO- Paz y prosperidad

Jonathan, un defensor de conjuntar el trabajo duro con la relajación, sabe que ambas tareas son igualmente importantes. Como empresario y profesional orientado hacia los resultados, siempre está abierto a nuevas ideas.

Siendo dueño de una próspera compañía manufacturera, heredé varias granjas de gran tamaño. La adquisición de estas nuevas propiedades significaba una responsabilidad adicional y el estrés de una deuda asociada a éstas. Sin embargo, manejar las granjas también trajo consigo grandes satisfacciones.

Soy un fiel creyente de los ángeles y siempre hablo con ellos; Miguel, el arcángel, es mi más grande apoyo. Comprar una copia de *Primeros auxilios angelicales* y seguir las múltiples técnicas, inmediatamente mejoró mi vida entera. Los remedios "Ley de aumento" y "Efectivo bancario" me hicieron generar el dinero que necesitaba para pagar las deudas de las granjas más fácilmente.

Al principio de mi carrera, comencé a destinar pequeños periodos de descanso a mi rutina diaria. Tomar recesos de diez minutos, es un medio muy efectivo para restaurar la energía y ganar una perspectiva positiva. Estos respiros proveen oportunidades perfectas para practicar las técnicas de *Primeros auxilios angelicales*. ¡Los ejercicios no toman mucho tiempo y realmente sirven! "Expande tu territorio" me ayuda a mantenerme concentrado en lograr una seguridad financiera. También me apego al lema: Es bueno reírse de uno mismo. Al tener sentido del humor la vida se vuelve más plena.

Pasos para el éxito de Jonathan

Siempre habla con la verdad; un hombre es tan bueno como su palabra. Hacer favores es mejor que pedirlos. Trata de aprender algo nuevo cada día. Tomarse un descanso para relajarse es vital.

REMEDIOS

Habitación de descanso

El futuro que imaginas puede volverse realidad. Para lograrlo, viaja mentalmente al espacio de tu cuerpo donde se encuentran tus pensamientos y sentimientos más íntimos. Visualiza esta área como una habitación de descanso en la que te puedes detener y relajar. ¿Cómo se ve? Imagina la decoración y el contenido. Elije un lugar cómodo para sentarte e invita a tus ángeles favoritos a participar. Imagina un futuro próspero, creando todos los aspectos con detalle. Asegúrate de incluir todo lo que te produce felicidad, comodidad y paz. Cuando el escenario esté perfeccionado y te encuentres satisfecho con el resultado, mantén esta sensación al menos por un minuto. Después, sintiéndote fresco y revitalizado, deja la habitación de descanso, sabiendo que tu santuario personal siempre estará a tu alcance para visitarlo en cualquier momento.

Dosis: Diario.

Flotar en serenidad

Un ambiente tranquilo ofrece las circunstancias ideales para ganar una introspección adicional. Imagina a Alicia, ángel de la serenidad, sentada cómodamente en una balsa surcando las aguas de un plácido río. Ella te incita a unírtele. Ves una balsa en la orilla, te subes y remas. Mientras flotas a la par de Alicia, pídele que te guíe. Formula la pregunta de esta forma: *"¿Qué necesito saber que todavía no sé acerca de...?"* (Introduce el tema de tu interés.) Su respuesta será directa y detallada. Utilizando la misma fórmula, continúa preguntando todo lo que quieras. Una vez que hayas obtenido las respuestas, despide al ángel y comienza tu regreso. Cuando llegues a la orilla, camina por un largo rato, reflexiona acerca de esta nueva sabiduría y sobre cómo mejorará tu vida.

Dosis: Cuando sea necesario.

Coro angélico

Experimenta el alegre estado de la relajación que genera el escuchar música. Comienza imaginando un coro angélico cantando dulcemente en el fondo. Escucha las hermosas y armónicas melodías que llenan los alrededores. Regocíjate en la paz impartida por esta música. La canción tiene líricas tan inspiradoras que calmarán y confortarán tu alma. Entiende el verdadero significado de estas palabras, repite todas las expresiones de comodidad por al menos un minuto. Conforme los cantantes desaparezcan en la distancia, comenzarás a resonar con su armonía angélica.

Dosis: Tres veces por semana.

Dinero fácil

Impulsa el potencial para atraer y acumular recursos. Este ejercicio te ayuda a acumular fondos y a incrementar sustancialmente las ganancias. Visualízate sentado en un escritorio ejecutivo. Tyler, ángel de la abundancia, entra a la habitación cargando bolsas de dinero y llena de efectivo tu escritorio. Toma algunas monedas y siente su textura. Continúa tocando el dinero, mientras piensas lo simple que puede ser traer toda esta riqueza a tu mundo. Luego incluye la práctica de este remedio a tu rutina regular. Tyler guiña y exclama: "¡Regresaré más tarde con más bolsas llenas de efectivo!" Relájate; el dinero fácil está en camino.

Dosis: Cuando lo desees.

Descanso para un café

La tranquilidad es vital para un estilo de vida bien balanceado. Relaja tu mente dándote quince minutos para tomar un café con William, ángel de la paz. Dejen la oficina juntos, trae algún refrigerio y caminen por un sendero zigzagueante del bosque, mientras platican amigablemente. William preguntará: "Si la paz interior fuera tu prioridad, ¿cómo vivirías tu vida?" Tómate un tiempo para reflexionar esta profunda pregunta y formula una respuesta. Cuando estés satisfecho, comunícale al ángel tu respuesta. Pide su guía para diseñar e implementar un plan que integre estas ideas reveladoras. Disfrutar de este estado renovado te permitirá moverte hacia delante. Regresa al trabajo seguro de que te has embarcado en el camino hacia la paz.

Dosis: Diario.

MEDICINA PREVENTIVA

√ Tres remedios, dos veces por semana.

√ Dos afirmaciones, cuatro veces por semana.

PREGUNTAS PARA EL ÉXITO

¿Los ángeles juegan un papel para el logro del éxito?

Los profesionales ocupados, que incluyen seres celestiales en su vida, encuentran más fácil mantenerse balanceados. Con los ángeles guardianes como asistentes, estos individuos están más calmados, concentrados y estables. Esta fresca perspectiva les produce un sentimiento de plenitud que les permite valorar por igual a la familia y a la carrera.

Ángel especialista: Roberto, ángel del balance.

Remedio primario: *Colores creativos*, página 92.

¿Cómo fomentarán los ángeles la paz interior?

Los mensajeros recomiendan vivir y trabajar en un ambiente tranquilo. Todos los seres celestiales saben que la paz mental y un cuerpo relajado son ingredientes fundamentales para el éxito continuo. Cultivar una relación con los ángeles traerá un nivel mayor de comodidad y serenidad.

Ángel especialista: William, ángel de la paz.

Remedio primario: *Descanso para un café*, página 68.

SEGUNDA OPINIÓN

Portia Carmichael - *Dueña de una compañía de análisis y mediación llamada SEIT-Carmichael Financial. Profesora de planeación financiera en el área de Chicago. Instructora retirada de economía en la Universidad de Rugers.*

La prosperidad es una dinámica en la que todos los aspectos de nuestras vidas —familia, carrera, finanzas y recreación— deben estar balanceados. El éxito y la satisfacción siempre los lograba cuando estaba concentrada en alcanzar mis metas en fechas límite definidas. He sido capaz de obtener la prosperidad a través de la integridad, perseverancia, tenacidad y organización del tiempo. Los logros que me han dado más satisfacción son aquellos que benefician a otros y no sólo a mí.

Palabras clave: Integridad, tenacidad, satisfacción.

Historia milagrosa

Nueva llegada

Después de leer un artículo sobre Primeros auxilios angelicales *en el periódico* Daily Herald, *Janet acudió a un programa patrocinado por una organización de mujeres. Ella relató esta interesante historia que describe el encuentro angélico de su nieta Cindy.*

Mi hija Susan y su esposo Jack habían tratado sin éxito tener otro hijo. Susan había tenido varios abortos involuntarios y la pareja estaba viendo que no tenían muchas posibilidades. Jack, especialista en obstetricia, estaba consciente de que las probabilidades —desde un punto de vista médico— no eran buenas.

Una tarde mientras llevaban a su hija a dormir, Jack sorprendió a la niña con la noticia de que pronto la llevarían a *Disney World*. A la mañana siguiente, Cindy compartió con sus padres una buena noticia: "Anoche un ángel se sentó en el borde de mi cama y me dijo que mi hermanito pronto va a estar con nosotros, que nacerá en Navidad".

Jack estaba contrariado, asumió que ella simplemente recordaba un sueño. Sin embargo, la promesa angélica probó ser un hecho. Susan tenía tres meses de embarazo cuando la familia visitó *Disney World*, y Jacobo nació justo un día después de Navidad. De las conversaciones que Cindy tiene con ángeles Jack dijo: "¡Nunca volveré a dudar de ella!"

AFIRMACIONES

Estoy creando abundancia.

Tengo fuerza genuina.

Estoy pensando positivo.

Tengo resolución poderosa.

Estoy determinado a ganar.

FUERZA

CONSULTA

*E*l poder personal es fundamental y un componente necesario para lograr la verdadera prosperidad. Con esta capacidad aumentada, los individuos tienen el empuje para poner en acción sus propias ideas y crear un futuro seguro. La seguridad y el compromiso establecen un apoyo resistente sobre el cual construir el éxito.

Barry, ángel de la fuerza

ÁNGELES ESPECIALISTAS

	Arcángel Miguel
Carolina	Ángel de los pensamientos positivos
Cory	Ángel del desarrollo de la carrera
Deborah	Ángel de las entrevistas
Ester	Ángel de la vitalidad
Evelyn	Ángel de la manifestación
Gunther	Ángel del buen estado físico

Patrick	Ángel de los deportes
Pedro	Ángel de la salud
Salomón	Ángel de la seguridad
Theresa	Ángel del poder

CASO PRÁCTICO - Siguiendo un ejemplo positivo

Diana le da el crédito a su padre por ayudarla a convertirse en una persona exitosa. Paralizado de la cintura para abajo, luego de un accidente, Edward inspiró a otros con su valentía y con muchas palabras de sabiduría.

Como representante del servicio para clientes de una de las compañías más grandes de suministros del país, me mantengo entre las mejores del área apegándome al consejo de mi padre: "Diana, cuenta contigo".

Mi papá, siendo dueño de un negocio de construcción comercial. Recibía en casa a todos sus empleados por cualquier motivo, manteniendo una política "a puerta abierta". El ver cómo esta actitud servía para motivar y fortalecer a todos alrededor de él, me dejó una impresión de por vida. Crecer con un padre incapacitado que siempre mantuvo una mirada positiva, me demostró claramente que la gente puede tener vidas positivas a pesar de la adversidad.

Leer *Primeros auxilios angelicales* valida mis pensamientos y sentimientos personales. Practico "Establecer metas" y "Cóccix" para complementar las enseñanzas aprendidas durante la niñez: que la esperanza, los milagros y la habilidad para enfrentar las dificultades son regalos de los ángeles. Tener una conexión especial con Carolina, ángel del pensamiento positivo, me provee de constante reafirmación, con un sentido de control sobre mi vida. El apoyo de los seres celestiales, en conjunción con la decisión de mi papá de permanecer optimista, me han impulsado a seguir sus pasos.

Pasos para el éxito de Diana

La filosofía de papá era capitalizar en todos los puntos importantes. Siempre decía, "Diana, usa tu regalo del habla y permite a los demás escuchar tu sonrisa". Este concepto sirve para tratar al cliente.

REMEDIOS

Cóccix

Grandes riquezas materiales y experiencias reconfortantes llegan a los individuos que dirigen con respeto. Practicar este ejercicio ayuda a establecer barreras y límites. Fácilmente puede ser aplicado a una situación donde el coraje y la respuesta son requeridos. Mientras estableces las líneas o tratas temas particulares, concéntrate en tu cóccix. Pide que Theresa, ángel del poder, te llene de energía. Piensa en esta energía moviéndose desde adelante hacia atrás de tu cuerpo y concentrándose en tu espina dorsal. Siente la fortaleza que te da y el mejoramiento en tu postura. Cada vez que el remedio sea completado, la fuerza adicional te permitirá mantener tus convicciones firmes durante las negociaciones.

Dosis: Cuando sea requerido.

Surgimiento de poder

Incrementar la energía personal en el momento que sea necesario atraerá nuevas oportunidades. Refuerza tus reservas de desempeño aceptando un regalo especial del arcángel Miguel. Imagínalo acercándose a ti cargando una armadura de plata. Él coloca esta "armadura de poder" en tu pecho y lo fortalece con la energía emitida de la palma de su mano. Siente la fuerza renovada recorriendo tu cuerpo, como resultado de este maravilloso surgimiento de poder. Mantén esa sensación dinámica por al menos un minuto. Luego, continúa usando esta armadura imaginaria con gran orgullo por el día entero; en la noche, regrésasela al arcángel para usarla en otro momento. Esta técnica produce un efecto acumulativo haciéndote más fuerte con cada repetición.

Dosis: Regularmente.

Ley de incremento

Expandir el panorama de una empresa aumenta su base financiera. Con estos simples pasos puedes rápidamente hacer "crecer el negocio" y mejorar su rentabilidad. Imagínate hablando ante un grupo de asociados y prospectos de clientes. Tu presentación apunta a desarrollar un plan para atraer riqueza y éxito. Invita a los ángeles a unirse y repite esta oración: "Yo invoco la ley del incremento". Añade cualquier otro deseo positivo. Visualiza los ángeles guardianes acomodando los fondos para aumentar tu prosperidad. Aléjate del pódium seguro de que acabas de iniciar una oportunidad para promover el crecimiento económico.

Dosis: Repite la afirmación todos los días.

Rollos bancarios

Desarrolla una conexión cómoda con grandes cantidades de dinero. Esto crea la acumulación de ganancias y fortalece tu posición fiscal añadiendo capital a tu portafolio. Para comenzar, toma cinco billetes de un dólar, enróllalos juntos y asegúralos con una liga. Haz varios rollos y colócalos donde los vayas a ver regularmente: casa, oficina o coche. Reserva uno para tu bolsa o bolsillos para obtener mayores beneficios. Evelyn, ángel de las manifestaciones, asienta con la cabeza mientras te indica que esperes la buena fortuna cada vez que veas o toques un rollo. Cuando descubras dinero en lugares familiares diariamente, adquirirás riqueza sustancial.

Dosis: Tan seguido como quieras.

Ve por el oro

Actuar como triunfador te permitirá ser más exitoso. Esta técnica está diseñada para darte incentivos en esa dirección. Imagínate caminando hacia el centro de un escenario, en un auditorio, donde todos los arcángeles y cientos de invitados se han reunido para darte su apoyo. Siéntete victorioso mientras uno de los arcángeles coloca en tu cuello un gran listón con una medalla de oro. Voltea hacia la audiencia para disfrutar de los aplausos y de una ovación. Al dejar el escenario asegúrate de saludar y sonreír a todos ofreciéndoles tus agradecimientos. ¡Tú eres un ganador, mantén el buen trabajo!

Dosis: Cuando sea necesario o antes de una entrevista.

MEDICINA PREVENTIVA

√ Cuatro remedios, tres veces por semana.

√ Dos afirmaciones, dos veces por semana.

PREGUNTAS PARA EL ÉXITO

¿Pueden los ángeles mejorar el proceso de las entrevistas?

Los ángeles son especialistas en ayudar a las personas en busca de empleo. Procuran que la vocación de los solicitantes concuerde con sus habilidades. En las entrevistas, los seres celestiales siempre están presentes para dar guía, confianza y para abrir los canales de comunicación. Inspiran a los candidatos en la obtención de posiciones lucrativas.

Ángel especialista: Deborah, ángel de las entrevistas.

Remedio primario: *Ve por el oro*, página 80.

¿Como alargan los ángeles la carrera de una persona?

Los seres celestiales apoyan a todo el que está interesado en desarrollar una profesión. Se especializan en dar consejos que permitan una sólida toma de decisiones. Este impulso benéfico genera resultados positivos. Colaborar con los ángeles asegura que el esfuerzo de un individuo será apreciado y premiado.

Ángel especialista: Cory, ángel del desarrollo de la carrera.

Remedio primario: *Felicidad en la carrera*, página 104.

SEGUNDA OPINIÓN

Eric Soderholm- *Fundador del Centro Mundial de Salud Holística Soder y también del Servicio de Billetería de Primera Fila . Ex tercera base de los* Medias Blancas *de Chicago y los* Yankees *de Nueva York.*

A lo largo de mi vida, los principios que me han ayudado a tener éxito son los mismos que comparto en mis seminarios. Sugiero a todos los participantes que observan los siguientes puntos:

➢ Aprende a amarte y aceptarte a ti mismo.

➢ Siempre mantente en el presente.

➢ Las intenciones del corazón son tu verdad.

➢ Escucha la sabiduría de tu cuerpo (intuición).

➢ Tu parte más débil es tu más grande maestra.

➢ Saber que eres un ser espiritual eterno.

Palabras clave: Paz, sabiduría, intuición.

Historia milagrosa

Rescate de un arcángel

Elizabeth leyó una entrevista acerca de Primeros auxilios angelicales en el periódico Chicago Tribune *y programó una fiesta de ángeles para sus amigos. Linda, una invitada, fascinó a todos con una recapitulación de una experiencia inolvidable de su infancia.*

Mi posición como inversionista probablemente comenzó cuando yo tenía ocho años jugando *Monopolio* con mis hermanos. Una tarde mientras estábamos sentados en el piso disfrutando nuestro juego, dos hombres cargando armas entraron en nuestra casa.

Aunque mi mamá estaba en una de las habitaciones de arriba, nos escuchó gritar. Tomando un bate de béisbol invocó al arcángel Miguel y bajó rápidamente las escaleras; para nuestra sorpresa, los intrusos corrieron por la puerta trasera de la casa.

Recuerdo que al voltear vi un enorme ángel parado justo atrás de mi mamá. Estaba vestido como guerrero y radiaba una gran fuerza. Ésa debe haber sido la razón por la que los hombres huyeron; obviamente, también habían visto al poderoso arcángel Miguel.

Mamá fue sabia al llamar al ángel. Es reconfortante saber que él está disponible para guardar y proteger a toda mi familia.

AFIRMACIONES

Soy un todo y estoy completo.

Tengo felicidad cada día.

Soy sensible e intuitivo.

Tengo iluminación profunda.

Realmente estoy apreciando la vida.

COMPRENSIÓN

CONSULTA

*L*a prosperidad genuina se logra siguiendo el camino que lleva a una forma de vida más significativa. Este gran conocimiento espiritual evoluciona de la introspección y la conciencia. La satisfacción viene de la búsqueda de la iluminación y de la realización de nuestro propósito divino.

Valerie, ángel de la comprensión

ÁNGELES ESPECIALISTAS

	Arcángel Uriel
Blake	Ángel de la comodidad
Christopher	Ángel de la oportunidad
Eileen	Ángel de la felicidad
Florencia	Ángel de la compasión
Jonathan	Ángel de los negocios
Nicole	Ángel de la negociación
Roberto	Ángel del balance

Sara	Ángel de la armonía
Timothy	Ángel de la buena fortuna
Úrsula	Ángel de la iluminación

CASO PRÁCTICO - *Manteniéndote espiritualmente en contacto*

Sandra tuvo conciencia de los ángeles en la niñez, primero sintiendo su confortable presencia cuando la llevaban a la guardería. Esta guía celestial eventualmente la dirigió a la carrera perfecta.

Los ángeles nunca me han abandonado. Me siento segura sabiendo que siempre están cerca. Interactuar con ellos regularmente me da los medios para desarrollar mis propias habilidades personales y laborales. Como hija "arregla todo", estaba fascinada con el comportamiento humano y decidí estudiar la carrera de psicología.

El componente espiritual de mi trabajo me facilita un mayor nivel de entendimiento, pues aconsejar a las personas es una gran responsabilidad. Uso la comunicación angélica como herramienta adicional. Imagínense cómo estaba yo de feliz cuando descubrí las técnicas de *Primeros auxilios angelicales*, especialmente "Correo de voz" y "Flotar en la serenidad." Todos los ejercicios me recordaban a las recetas de cocina, así que las seguí al pie de la letra.

Aplicar estos remedios aumentó mi capacidad de ayudar a otros. Después de usar el libro de primera mano y de haber experimentado resultados benéficos, ordené más copias para mi práctica. *Primeros auxilios angelicales* nos da las herramientas que realmente apoyan el crecimiento personal. Es extremadamente satisfactorio ver iluminarse la cara de la persona cuando se dan cuenta que las partes extraviadas de sus vidas pueden volver a su lugar fácilmente.

Pasos para el éxito de Sandra

¡Agárrate de tu sueño! Nunca te des por vencido o dejes que otros te disuadan de hacer lo que te parece correcto. Busca y escucha las profundas recomendaciones que te hacen los ángeles para tomar decisiones.

REMEDIOS

Puente al éxito

La felicidad es superior cuando persigues una carrera satisfactoria. Aplica esta técnica para acercarte a la vida de forma positiva. Invita a Eileen, ángel de la felicidad, a caminar contigo a lo largo de un sendero que le lleve a un viejo puente de madera. Cerca del centro de este puente el ángel te abraza diciendo suavemente, "tira al río todas tus decepciones, preocupaciones y miedos". Hacer movimientos con el brazo te hará el proceso más efectivo. Sonríe mientras ves cómo se van flotando los frenos pasados que te impedían alcanzar el éxito. Cuando estas barreras hayan sido liberadas, pide a Eileen que te rodee con una luz de color lavanda. Al dibujarse esta luz espiritual en tu cuerpo sentirás una increíble sensación de alegría, esperanza y optimismo.

Dosis: Cuando sea necesario.

Correo de voz

Los ejecutivos exitosos buscan el consejo de otra gente para convertirse en los número uno. Afortunadamente, la guía angélica sólo está a una llamada. Deja un correo de voz para Jonathan, ángel de los negocios. Imagínate marcando su número y escuchando su mensaje en el que se escucha suave música de arpa. Después del timbre, explica la situación o la circunstancia por la que quisieras obtener mayor habilidad. Siéntate en silencio y espera una respuesta. Si la respuesta no llega inmediatamente, tu llamada será respondida tan pronto como el ángel cheque sus mensajes. Las peticiones dejadas en el correo de voz de Johathan, después de ser escuchadas serán respondidas por la tarde del siguiente día. Descansa seguro de que él te buscará.

Dosis: Cuatro veces por semana.

Ángeles negociando

La comunicación efectiva puede generar resultados excepcionales. Si estás cerrando una venta o finalizando un gran contrato, puedes practicar esta técnica. Invita a Nicole, ángel de la negociación, para que esté presente. Imagina a los participantes vistiendo trajes azul marino. Todos están extremadamente interesados y escuchan atentos mientras haces tu presentación. Concéntrate en los temas pertinentes mientras utilizas tus habilidades para persuadir. Siéntete estimulado cuando las negociaciones sean completadas favorablemente. Los apretones de mano afectuosos son una señal de tu éxito. Deja la reunión sabiendo que la colaboración de este sabio ángel especialista, produce transacciones benéficas.

Dosis: Cuando sea requerido.

Colores creativos

El sello especial de un individuo balanceado es la alineación de la mente, el cuerpo y el espíritu. Lleva a cabo este remedio para experimentar una sensación general de plenitud. Visualízate sosteniendo cuatro ladrillos, cada uno de éstos tiene colores curativos: rosa (bienestar físico), azul cielo (estabilidad emocional), amarillo (claridad mental) y lavanda (iluminación espiritual). Visualiza a la diosa de la justicia sosteniendo una balanza antigua. Mientras Úrsula, ángel de la iluminación, observa, coloca los ladrillos rosa y azul en un lado de la balanza, los ladrillos amarillos y lavanda en el otro. Toma un respiro profundo y mira cómo la balanza queda estable. Darle la bienvenida a los colores permite que la paz y la armonía sustancial entren en tu vida.

Dosis: Cuando sea necesario.

Efectivo bancario

Entender el rol que el dinero juega para alcanzar el propósito de tu vida, te ayudará a atraer los fondos necesarios. Este ejercicio te prepara para la manifestación de la riqueza. Visualiza a Timothy, ángel de la buena fortuna, dándote un manojo de dinero –billetes de $50 y $100 dólares. Cada vez que tu mano sea estirada, Timothy rápidamente te la volverá a llenar de billetes. El ángel también carga varias bolsas de dinero en las que guarda el efectivo. Cuando las bolsas están llenas, él llama a un camión blindado y le indica al chofer que las lleve al banco. Regocíjate mientras el generoso regalo es depositado en tu cuenta especial donde se multiplicará hasta ser una fortuna.

Dosis: Diario, para que fluya el efectivo.

MEDICINA PREVENTIVA

√ Dos remedios, tres veces por semana.

√ Tres afirmaciones, dos veces por semana.

PREGUNTAS PARA EL ÉXITO

¿Pueden los ángeles fomentar grandes oportunidades?

A través de la asistencia angélica muchas puertas pueden ser abiertas para aumentar los posibles prospectos. Los guardianes inspiran a la gente para que sea exitosa procurando sociedades exitosas con mentores experimentados. Ellos guían de forma efectiva a los profesionales para que tengan los contactos apropiados, que les permitan aumentar los horizontes en los negocios y animar el crecimiento.

Ángel especialista: Christopher, ángel de las oportunidades.

Remedio primario: *Expande tu territorio*, página 152.

¿Pueden ayudar los ángeles a alcanzar la felicidad?

Los seres celestiales saben que la felicidad viene de estar centrado o de sentirse pleno. Los ángeles guardianes ayudan entusiastamente y facilitan el logro de este estado perfecto. Una persona obtiene confort mientras los mensajeros dan bendiciones constantes que traen paz y alegría.

Ángel especialista: Eileen, ángel de la felicidad.

Remedio primario: *Puente al éxito*, página 90.

SEGUNDA OPINIÓN

Jeffrey Herman- *Autor de la* Guía del asociado para editores de libros, Agentes publicitarios y literarios *(12 ediciones) y* Escribe la propuesta perfecta de libro. *Agente de más de 450 libros publicados.*

La prosperidad es para todos un estado natural de la existencia humana. Para obtener este tipo de riqueza, la gente debe conocerse a sí misma muy bien, para ser realmente honesta en lo que la motiva. Los individuos balanceados —los que están en contacto con su propia intuición—, se volverán seres humanos exitosos. La gente obtiene ganancia de conectarse con su espiritualidad y entender lo que significa. Ver a mis perros me ha enseñado mucho de la vida. No tienen grandes egos, no cuestionan nada y aun así parecen estar en contacto con Dios.

Palabras clave: Honestidad, espiritualidad, balance.

Historia milagrosa

Voz desde arriba

El productor de una estación de radio en Ohio se me acercó después de saber que los ángeles habían sido vistos en la escena de un accidente de auto. En el siguiente programa, una radioescucha llamada Bárbara llamó para relatar una situación similar.

Mi esposo Jake nos invitó a nuestros tres hijos y a mí a un viaje de negocios. Apurándonos para salir, nos subimos al carro sin acordarnos de colocarnos los cinturones. De repente escuché una fuerte voz advertir: ¡Pónganse los cinturones de seguridad! De inmediato aseguré a los niños y yo también me puse el cinturón, le dije a Jake que hiciera lo mismo, pero él no fue tan rápido. Justo unos instantes después, un auto rojo se cruzó en nuestro camino pegándonos de frente.

Esperé mientras los paramédicos trataban de salvar la vida de Jake. Un hombre joven con pelo castaño se me acercó y se sentó junto a mí. Suavemente tomó mi mano y repitió "todo va a salir bien". Esta persona extraña me acompañó en la ambulancia y se quedó en el hospital. Cuando pregunté sobre su identidad, todas las enfermeras se quedaron perplejas diciendo que no habían visto a nadie con esa descripción.

Después de pensarlo un poco, se me hizo claro que debió haber sido mi ángel guardián. Siempre le estaré agradecida por el apoyo y la ayuda.

AFIRMACIONES

Tengo ideas nuevas y emocionantes.

Soy artístico y creativo.

Tengo habilidades excepcionales.

Estoy usando mis regalos especiales.

Tengo talentos innatos.

CREATIVIDAD

CONSULTA

*E*l verdadero sentido de la creatividad es la expresión distintiva de las ideas innovadoras. Combinando los talentos únicos de una persona con la inspiración y el conocimiento de uno mismo, aumenta el potencial para el verdadero éxito. La utilización frecuente de las habilidades artísticas y creativas, en todas las áreas de la vida, agranda el desarrollo personal.

Bettina, ángel de la creatividad

ÁNGEL ESPECIALISTA

	Arcángel Gabriel
Alexander	Ángel de la invención
Bárbara	Ángel de la fama
Blake	Ángel de la comodidad
Christopher	Ángel de las oportunidades
Cory	Ángel del desarrollo profesional
David	Ángel de la camaradería
Jacobo	Ángel de la educación

Perrie	Ángel de la <u>música</u>
Raquel	Ángel de la <u>inspiración</u>
Rita	Ángel de la <u>escritura</u>

CASO PRÁCTICO - *Abriendo la imaginación*

Mientras buscaba una nueva posición profesional, Martha incrementó sus oportunidades aumentando sus talentos naturales. El pensar en forma creativa combinado con la experiencia corporativa la conviertieron en una ejecutiva altamente preparada para el mercado.

Debido a un recorte de personal, estuve sin trabajar casi dos años y era extremadamente difícil no sentirme desmoralizada. Cada vez que un prospecto fracasaba, mis esperanzas se caían nuevamente. <u>Los ángeles</u> se volvieron un sistema de apoyo constante y nunca me dejaron perder <u>la fe</u>.

Por suerte yo ya sabía de las técnicas de *Primeros auxilios <u>angelicales</u>* cuando más las necesité. Durante mi desempleo "Constructor de confianza", "Felicidad en la carrera" e "Imagen del éxito" me ayudaron a reforzar el pensamiento positivo. Estos remedios me ofrecieron una buena forma de visualizar y manifestar la oportunidad especial que estaba buscando. Mientras trabajaba para agencias temporales, el tiempo libre lo usé para explorar las artes. Invertí muchas horas visitando galerías y tomando clases para reforzar mi creatividad.

Todo cambió para mí cuando un buscador de talentos me colocó en una gerencia de marketing que resultó ser el trabajo perfecto. En un abrir y cerrar de ojos mis ganancias aumentaron a seis dígitos, literalmente, doblando mi sueldo anterior. Ahora como ejecutiva exitosa, estoy incorporando perspectivas artísticas al mundo de los negocios. Creer en los ángeles ha sido un gran impulso para mi carrera.

Pasos para el éxito de Martha

Siempre abre tus posibilidades. Nunca des por vencida la esperanza y la fe en tus habilidades para tener éxito. Los milagros absolutos vienen de luchar persistentemente para logra tus múltiples metas.

REMEDIOS

Imagen del éxito

Visualizar la prosperidad acelera la seguridad financiera. Enlista la ayuda angélica para crecer desde el comienzo. Imagínate una pintura animada que represente un negocio en ascenso —teléfonos sonando, empleados haciendo cita y cualquier otra actividad que genere ganancias. Concéntrate en este inspirador escenario por un minuto. Para maximizar las ganancias, captura mentalmente toda la atención de los ángeles agrandando tu obra maestra hasta que llene la habitación por completo. Este nuevo trabajo de arte dice a los seres celestiales que manifiesten la imagen deseada a la realidad.

Dosis: Regularmente.

Estimulador de moral

Cuando el esfuerzo propio es valorado, la gente está más dispuesta a hacer contribuciones en una meta común. Este remedio vital mejorará la moral y dará impulso a tu equipo. Visualízate como el coordinador del picnic de una importante compañía. El evento es significativo porque conecta y une a los miembros de la organización de todo el país. La organización anticipa los resultados. Pide la asistencia de David, el ángel de la camaradería, para que te ayude a crear una atmósfera que todos disfruten. Invita a todos los empleados a dar una lluvia de ideas e impúlsalos a nutrir esos conceptos. Ve cómo el plan se vuelve realidad acompañado de alegría y risas. El comité ejecutivo, complacido con tus resultados, te da un sello de aceptación para que avances con las festividades. David aplaude tu ingeniosa estrategia para promover la actuación del equipo.

Dosis: Tres veces por semana.

Solución angélica

Los cambios ocurren cuando se está dispuesto a adoptar una nueva perspectiva. Comienza esta técnica viendo a Blake, ángel de la comodidad, a tu lado. Caminen juntos hacia un estanque claro y calmado. Al acercarte a la orilla, toma algunas piedras y colócalas en una gran pila. Ahora, mira el espejo del agua e imagina una situación que signifique un reto que podría ser alcanzado, llevado con introspección adicional. Mientras una imagen aparece, el ángel elige y lanza una de estas piedras al estanque. Ella dice, "deja que todos tus obstáculos se dispersen en las ondas". Percibe la sensación de alivio que viene a continuación. Continúa viendo la superficie del agua mientras la solución angélica aparece. Dile a Blake cómo pretendes incorporar esta deseable ganancia a tus planes futuros.

Dosis: Cuando sea necesario.

Felicidad en la carrera

Esperar el éxito es el mejor método de garantizar su llegada. Cory, ángel del desarrollo profesional, te llevará en una emocionante aventura. Viajando en un globo aerostático, piensa cómo sería "aterrizar" en el trabajo perfecto. Observa cada detalle de este nuevo empleo: responsabilidades, personalidades de todos tus colegas y la filosofía de la dirección. El ángel es entusiasta mientras te señala tu oficina: su ubicación, sus muebles y su número de ventanas. La emoción crece mientras visualizas este escenario. Preparándote para partir, permite a Cory que dirija el viaje de regreso.

Dosis: Diario, mientras buscas empleo.

Signos de dólar

Atrae fondos adicionales a tu vida usando símbolos de dinero. Éste es un remedio fácil y rápido para obtener ganancias financieras. Con el dedo índice de tu mano dominante, bosqueja signos de dólar en el aire directamente en frente de ti. Concéntrate en estos símbolos, dibujándolos cada vez más grandes, hasta que tu cuerpo se vea envuelto en el movimiento. Repite esto al menos tres veces, comenzando con un signo de dólar pequeño. Si has designado un propósito para el dinero, como son unas vacaciones o el desarrollo de un negocio, dirige tu atención a esa meta. Los ángeles responden dándote grandes sumas para invertir y disfrutar.

Dosis: Regularmente.

MEDICINA PREVENTIVA

√ Dos remedios, tres veces por semana.

√ Una afirmación, dos veces por semana.

PREGUNTAS PARA EL ÉXITO

¿Cómo aumentan los ángeles la creatividad?

Los seres celestiales pueden ayudar a la gente a cultivar dones innatos así como mejorar los talentos artísticos. Ellos motivan a los individuos para que exploren sus habilidades y alcancen su potencial artístico. Los ángeles presentarán ideas innovadoras y generarán oportunidades para adquirir las habilidades necesarias que conllevan al éxito.

Ángel especialista: Bettina, ángel de la creatividad.

Remedio primario: *Imagen del éxito*, página 102.

¿Pueden los ángeles estimular la moral?

Los ángeles utilizarán sus poderes comunicativos para llevar más lejos las buenas relaciones entre la gente. Los seres celestiales inspiran el esfuerzo en equipo y refuerzan el valor de trabajar juntos para lograr metas. Los "mensajeros" fomentan asociaciones productivas y viables, promoviendo la cooperación.

Ángel especialista: David, ángel de la camaradería.

Remedio primario: *Estimulador de moral*, página 102.

SEGUNDA OPINIÓN

Pedro Lamas - *Famoso maquillista de Hollywood y experto en belleza. Su clientela incluye a Elizabeth Taylor y a Cindy Crawford. Crédito fílmico: Titanic. Fundador del sitio en la red para consejos,* www.BeautyWalk.com

La felicidad es muestra de una verdadera y buena relación contigo mismo. La manera óptima de mantener este estado es renovar las intenciones y revisar las metas cada día. ¡Nunca se termina de aprender! Siempre explora y desarrolla tus talentos naturales. Elige tu enfoque, luego vuélvete muy hábil. Adquiere conocimientos adicionales en áreas relacionadas con tus actividades para aumentar la versatilidad. Busca y encuentra expertos para estudiar con ellos el tema; eso hace toda la diferencia. Consulta a los ángeles para que te guíen a través de la sabiduría de Dios.

Palabras clave: Intención, creatividad, enfoque.

Historia milagrosa

Transmisión irlandesa

Shannon, productor de una estación de radio irlandesa, me llamó para hacerme una entrevista. Durante la transmisión, era obvio que Ryan, el anfitrión, era escéptico e incluso hostil. Aunque la gente llamaba al programa para contar sus dramáticas historias, él permanecía cínico. Cerca del final del programa, el arcángel Miguel me dijo que le notificara que tendría un encuentro angélico en las próximas cuarenta y ocho horas.

Cinco días después, Shannon llamó de nuevo diciendo: "Dentro del tiempo que dijiste en el programa, Ryan fue mistificado con una fragancia floral en su oficina. Nos llamó a varios de nosotros para verificar la esencia, porque hasta donde él sabía, no había flores en la estación. Cuando nos reunimos todos, ¡un hermoso ángel apareció en la esquina!"

Mientras escuchaba a Shannon decir su historia, yo pensaba "el arcángel Miguel cumplió su promesa". Siguiendo la conversación ella reportó que Ryan estaba tan impresionado que compartió esta experiencia angélica con su audiencia, y para finalizar me comentó lo siguiente: "tu entrevista y los eventos que le siguieron causaron gran revuelo en Irlanda".

AFIRMACIONES

Soy positivo y optimista.

Tengo encanto y carisma.

Estoy en la mejor profesión.

Tengo gran confianza en mí.

Estoy impresionando.

CONFIANZA

CONSULTA

*L*a gente exitosa y con poder posee un gran sentido de la autoestima. Creer en la capacidad profesional engrandece a los que quieren llegar a un alto nivel de experiencia. Tener fuerza, confianza y el coraje de nuestras convicciones proveerá el ímpetu necesario para avanzar en la vida.

Rebeca, ángel de la confianza

ÁNGELES ESPECIALISTAS

	Arcángel Gabriel
Barry	Ángel de la fuerza
Carolina	Ángel del pensamiento positivo
Cornell	Ángel de la toma de decisiones
Deborah	Ángel de las entrevistas
Jacobo	Ángel de la educación
Katrina	Ángel de la prosperidad
Melody	Ángel de la autoestima

Patrick	Ángel de los deportes
Samuel	Ángel de la excelencia
Theresa	Ángel del poder

CASO PRÁCTICO - *Desarrollando el ser interior*

A una temprana edad, Ángela soñó en volverse anfitriona de un talk show. *Tenía confianza y diligencia natural. Actualmente la transmisión de su programa alcanza llega a grandes audiencias con información que da el desarrollo espiritual.*

Bonnie, mi vecina, trabajaba en una estación de radio patrocinando "Lleva a tu hija por un día al trabajo". Como no tenía hijos propios me pidió que la acompañara, y aunque sólo tenía diez años de edad, la experiencia marcó mi vida. A partir de ese momento, establecer una carrera en la radio se volvió mi meta principal. En la preparatoria era presidenta del salón y excelente en la práctica de deportes. Estas actividades impulsaron mi confianza y me ayudaron a sentirme cómoda apareciendo frente a una audiencia.

Ahora que vivo mi sueño, trabajando para una gran cadena, soy capaz de ofrecer una programación que marca la diferencia al ayudar a otros. Entrevistar a invitados con mensajes que inspiran y levantan al público, es mi obra favorita. Los autores de los nuevos libros de autoayuda son especialmente bienvenidos. Al tener a la dama de los ángeles en mi programa, aprendí acerca de las técnicas de *Primeros auxilios angelicales*.

Estos remedios son una gran bendición. "Estimulador de moral" y "Golpe de energía" son buenos ejercicios para calentar antes de cada transmisión. Regularmente checo con el arcángel Gabriel por si me tiene algún consejo de último momento. La radio y los ángeles siempre serán parte de mi mundo.

Pasos para el éxito de Ángela

Cuando te sea posible, sigue tu guía interna. Elige el crecimiento personal como una meta de vida. Comienza trabajando en una carrera tan pronto como te sea posible para adquirir conocimientos y experiencia.

REMEDIOS

El juez

Es necesario liberar los hábitos de auto sabotaje para iniciar el cambio. Avanzas un poco, te topas con un obstáculo y luego ¿dejas de progresar? Seguramente estás frenándote a causa de pensamientos despreciables que se originan de una fuente a menudo llamada "El juez". Esta presencia en tu vida surge de las actitudes no aprobadas o de críticas recibidas durante la niñez. Para identificar claramente al juez, reconoce el signo de advertencia que representa este freno: el sentimiento de haber hecho algo incorrecto. Desactiva el poder del juez escribiendo todos estos comentarios perjudiciales; esos mensajes transmitidos a través de una plática negativa. Rompe el papel y tíralo. Ahora estás listo para moverte; acepta los halagos y la aprobación de los ángeles mientras reafirman tus buenas cualidades. Haz una lista de estos atributos positivos y revísalos durante el día.

Dosis: A menudo.

Excelencia académica

Comprender la información y usarla de manera productiva es imperativo para lograr el éxito. Si persigues la excelencia académica, pide a Jacobo, ángel de la educación, que guíe tu camino del conocimiento. Imagina tu nombre en la lista del decano y disfruta la satisfacción de haber ganado este logro escolar. Ve un paso más adelante y mírate graduándote con honores. Estás fortalecido por todas las expresiones de felicidad de Jacobo, miembros de tu familia y muchos amigos. Sostén este sentimiento de triunfo por al menos un minuto. Extiende esta nueva forma de adquirir confianza a otros tipos de actividades.

Dosis: Cuando sea necesario.

Afirmación de riqueza

Los sentimientos fuertes del valor de uno mismo preparan el camino para recibir la verdadera abundancia. Lleva a cabo este remedio para atraer el crecimiento financiero. Rebeca, ángel de la confianza, te ayudará a establecer un continuo abastecimiento de ingresos. Piensa en las formas de usar esa entrada extra de dinero. Golpeando suavemente en tus sienes, di esta oración: *¡Me doy permiso de ser rico!* Repite la afirmación con convicción al menos cinco veces; escribirla es muy benéfico para aumentar su efecto. Rebeca estará consciente de tu intención y llevará la declaración al reino angélico para una acción inmediata.

Dosis: Diario, al menos por un mes.

Repetición instantánea

Visualizar triunfos atléticos es la llave para hacerlos realidad. Selecciona a Patrick, ángel de los deportes, para unirse a tu equipo. Practica esta técnica en la preparación previa de un juego importante. Imagina cada paso que darás para ganar. Sé meticuloso, apuntando los movimientos o acciones que mejorarán tu desempeño. Repite la rutina hasta que sea impecable. Luego, ¡imagínate sintiendo la emoción de la victoria! Siéntete eufórico y mantén este nivel de entusiasmo por al menos un minuto. Cuando participes activamente en un deporte, imagina a Patrick animándote desde las gradas. Mientras un logro exitoso de un evento atlético se realiza, transfiere este sentimiento de victoria a futuros esfuerzos.

Dosis: Regularmente o en fines de semana.

Constructor de confianza

Tener confianza es una de las mejores formas de crear una impresión favorable durante una entrevista. Usar este ejercicio es especialmente ventajoso como generadora de energía. Deborah, ángel de las entrevistas, está parada cerca de ti para diferenciar tus capacidades de los otros candidatos. Con tu mano dominante, frota la parte inferior de tu caja torácica cinco veces (cada movimiento de ida y vuelta cuenta como una vez). Luego, con los brazos cruzados sobre tu pecho, sujeta los músculos que están justo debajo de los hombros. Usa las puntas de tus dedos para frotar rápidamente arriba y abajo, cinco veces. En seguida, coloca ambas manos en la parte externa de tus muslos, aplica una ligera presión, y muévelas de la cadera a la rodilla cinco veces. El entrevistador notará un aumento en tu energía que te hará parecer más confiado y capaz.

Dosis: Cuando sea necesario.

MEDICINA PREVENTIVA

√ Dos remedios, tres veces por semana.

√ Dos afirmaciones, cuatro veces por semana.

PREGUNTAS PARA EL ÉXITO

¿Pueden los ángeles maximizar la educación?

Tener una conexión con los seres celestiales permite a los estudiantes investigar e integrar material relevante. Los "mensajeros" ansiosamente promueven las metas académicas expandiendo la comprensión y asegurando la retención de la información. Ellos apoyan que completes a tiempo las tareas.

Ángel especialista: Jacobo, ángel de la educación.

Remedio primario: *Excelencia académica*, página 114.

¿Ayudan los ángeles en esfuerzos atléticos?

Aumentar la energía física es una de las contribuciones angélicas a los atletas profesionales y de fin de semana. Los seres celestiales también apoyan las técnicas de visualización para motivar a los entusiastas del deporte en busca de un buen desempeño. Los ángeles guardianes premian a aquellos que buscan este tipo de excelencia.

Ángel especialista: Patrick, ángel de los deportes.

Remedio primario: *Repetición instantánea*, página 116.

SEGUNDA OPINIÓN

Steven Belkin - *Presidente del Consejo de Grupo Transnacional, Fideicomisario de la Universidad Cornell, de la Escuela de Negocios de Harvard, del Instituto Hoffman, y del Centro Médico de Boston. Ha fundado 26 corporaciones.*

"¡Concíbelo... créelo... lógralo...!" Este lema me ha guiado a través de una larga y próspera carrera de negocios. Lo más importante es "creerlo" o creer en tus propias capacidades. La gente exitosa crece y aprende de los tiempos difíciles y celebra los buenos tiempos. Debes poseer un mayor sentido del propósito que simplemente querer ganar dinero. En todas mis compañías, nuestras metas principales incluyen apoyar el crecimiento personal de los empleados, ofreciendo productos de calidad y divirtiéndose. Con este diseño, las ganancias fluyen.

Palabras clave: Concebir, creer, lograr.

Historia milagrosa

Justo a tiempo

Hace casi doce años, la familia de Jason sobrevivió a una experiencia que amenazó sus vidas. Después de escucharme en el radio, en el estado de Washington, Jason me escribió para preguntar el nombre de sus ángeles e incluyó esta historia.

Hubo un terrible incendio en nuestra casa cuando yo tenía 12 años. Mi hermano más chico llamado Ted y yo, compartíamos la habitación y estábamos dormidos cuando las flamas entraron. No obstante que la alarma contra incendios estaba rota, Ted se despertó justo a tiempo y gritó: "¡Fuego!" Salté de la cama, lo jalé y corrimos a la ventana más cercana.

Estaba tan asustado que ni siquiera traté de abrir la ventana, sino que rompí los dos cristales y un mosquitero sólo con mi mano. A pesar de habernos arañado con los vidrios mientras nos arrastrábamos por la ventana rota, los dos salimos ilesos. Luego, la policía anti-incendios determinó que entre la alarma descompuesta y la intensidad del fuego, era un verdadero milagro que toda mi familia hubiera escapado sana y salva.

Los sentimientos de coraje e inmortalidad que experimenté esa anoche todavía los conservo. Algunos pueden decir que lo que pasó fue provocado por un exceso de adrenalina, pero yo sé que los ángeles nos salvaron a mi familia y a mí. Hoy en día, como bombero, siempre contacto a los ángeles cuando suenan las campanas de alarma.

AFIRMACIONES

Tengo vitalidad y salud.

Estoy increíblemente energetizado.

Tengo mucho entusiasmo por la vida.

Soy fuerte y poderoso.

Tengo el combustible para el éxito.

ENERGÍA

CONSULTA

*L*a prosperidad se acelera cuando se establece un balance que reúne, fácilmente, todas las energías: mental, física y espiritual. El desarrollo personal puede ser animado por la conexión y la interacción positiva generada por este armónico trío. Maximizar la fluidez construye la energía para el éxito.

Paula, ángel de la energía

ÁNGELES ESPECIALISTAS

	Arcángel Rafael
Barry	Ángel de la fuerza
Esther	Ángel de la vitalidad
Gunther	Ángel de la condición física
Katrina	Ángel de la prosperidad
Mirra	Ángel de las artes de curación
Patrick	Ángel de los deportes
Pedro	Ángel de la salud

Randolph	Ángel de la expansión
Roberto	Ángel del balance
Úrsula	Ángel del alineamiento

CASO PRÁCTICO - *Dando poder para la educación*

Como talentosa académica, Priscilla demuestra su capacidad en el salón. Esta popular profesora universitaria enfrenta una rigurosa rutina diaria, gozando de una energía sin límites, gracias a la visualización.

La necesidad de estar "prendida" es importante porque la actitud de los estudiantes avanza cuando las lecciones se imparten con energía. Durante un seminario, descubrí los beneficios de practicar *Primeros auxilios angelicales*. Las originales técnicas han sido específicamente diseñadas para desarrollar una carrera. "Más vitalidad" y "Girando" son los dos mejores remedios para fortalecer mi energía y duplicar mi habilidad de enseñar. Al investigar las funciones del lado izquierdo y derecho del cerebro, encontré que hay un tipo específico de música para mejorar la cobertura de la atención y la concentración. Basada en estos descubrimientos, recomiendo el uso de "Ritmo barroco".

Ser abierta para aceptar métodos alternativos de conocimiento y observar la vida a través de los ojos de otras personas me ha ayudado a identificar lo que es realmente importante. Me he dado cuenta que el éxito aumenta al mismo tiempo que una persona puede proyectar o canalizar la energía. Así que Barry, ángel de la fuerza, es mi adjunto siempre presente en el salón de clases.

Es muy reconfortante ver a los estudiantes crecer mientras desarrollan su intelecto y ganan confianza. Mi inversión de tiempo y energía reditúa cuando estos jóvenes estudiantes alcanzan su potencial completo.

Pasos para el éxito de Priscilla

El aprovechamiento siempre ha significado concentrarte en una meta específica, estableciendo una fecha límite, y haciendo lo que se requiere para alcanzar ese objetivo. Para mí, *todo es energía y la energía es todo*.

REMEDIOS

Golpecitos de energía

Demostrar abundancia mejorará las probabilidades de volverse exitoso. Mientras practicas el siguiente remedio, pide las bendiciones e intervención angélicas. Para comenzar coloca una mano sobre tu ombligo. Con la otra mano, golpea suavemente cada una de estas áreas por lo menos siete veces: debajo de la clavícula (justo donde se conectan con el esternón); encima de tu labio superior y justo debajo de tu labio inferior. Cambia de mano y repite el ejercicio. Esta forma de rejuvenecimiento regresa la corriente de energía a su camino correcto. Recarga las baterías mentales y físicas para ayudar a vigorizar todas las metas.

Dosis: Cuatro veces por semana.

Vitalidad extra

Reforzar la fuerza personal desarrolla dramáticamente la estabilidad financiera. Esta técnica mejora la energía balanceando el metabolismo. Coloca tu mano no dominante en el cuello. Deja caer el otro brazo a tu costado, con el dedo índice apuntando al suelo, comienza a girar rápidamente la muñeca en el sentido de las manecillas del reloj, mientras cuentas hasta cuarenta. Esther, ángel de la vitalidad, alegremente cuenta contigo. Después de terminar este proceso, notaras de inmediato la diferencia en tu nivel de energía. Adopta este ejercicio poderoso como parte de tu rutina para obtener resultados tangibles. Más vitalidad es una herramienta valiosa para apresurar el bienestar general.

Dosis: Diario.

Girando

Las infusiones regulares del entusiasmo de los empleados llevarán más lejos los planes de éxito de cualquier organización. Con este remedio podrás afilar la agudeza mental y también construir energía. Comienza por estirar ambos brazos a los lados, manteniéndolos a la altura de los hombros. Luego, gira la cintura, mece tus brazos rítmicamente de lado a lado. Concéntrate en pensamientos prósperos mientras llevas a cabo este ejercicio con música. Invita a algunos ángeles a unirse contigo —ellos imitan el movimiento usando sus alas. Los seres celestiales no se cansarán, así que gira tanto como quieras. Prepárate para la carga positiva que te impulsará y que te acompañará.

Dosis: Cuando un impulso sea necesario.

Monedas de poder

Concéntrate en alcanzar tus metas personales y profesionales. Mientras te imaginas un hermoso arco iris que refleja colores vibrantes, ve a Katrina, ángel de la prosperidad, acercándose. Ella está cargando una gran olla de monedas doradas y las coloca a tu lado. Energetizado por la generosidad del ángel, estás dispuesto a crear más. Contempla, por al menos un minuto, todas las formas accesibles que tienes de aumentar ese capital. Luego, agradece a Katrina por ser extremadamente generosa y compartir contigo toda esta abundancia. Conserva la intención de transformar el oro en riquezas genuinas.

Dosis: A menudo, para el crecimiento monetario.

Bola de energía

En el ambiente corporativo de la actualidad, mantener la energía es crucial para cualquiera que quiere tener la excelencia profesional. Practica esta técnica para volverte más dinámico. Imagina que estás formando una bola de nieve mientras recoges y das forma de esfera a la energía celestial. Cuando comiences a sentir la fuerza entre las palmas de tus manos, continúa "empacando" por otros quince minutos. Ahora coloca la bola en tu ombligo y siente cómo tu cuerpo absorbe la energía. Pedro, ángel de la salud, observa mientras irradias esta nueva fuerza. Deja la bola de energía en su lugar para que puedas intensificar esta potente fuerza. Los efectos de este proceso son acumulativos y realzan significativamente tu potencial para exhibir tu poder personal.

Dosis: Diario.

MEDICINA PREVENTIVA

√ Dos remedios, dos veces por semana.

√ Una afirmación, tres veces por semana.

PREGUNTAS PARA EL ÉXITO

¿Qué pueden hacer los ángeles para mejorar la salud?

La misión de un ángel guardián es asistir a los individuos para sostener su bienestar físico y mental. Los mensajeros apoyan este proverbio: si tienes salud, tienes riqueza. También enfatizan un estilo de vida completo que eleva el desempeño e invita a la continua prosperidad.

Ángel especialista: Pedro, ángel de la salud.

Remedio primario: *Vitalidad extra*, página 126.

¿Ayudarán los ángeles a aumentar el balance?

Los ángeles comparten su experiencia celestial para producir increíbles resultados fiscales. Ellos están dispuestos a contribuir con información e inspirar ideas para promoción, anuncios y relaciones públicas. Siempre accesibles para aumentar las ventas, los seres celestiales ayudan a energetizar y motivar a los ejecutivos para ·generar utilidades.

Ángel especialista: Randolph, ángel de la expansión.

Remedio primario: *Imán de dinero*, página 150.

SEGUNDA OPINIÓN

Darla Rowe - *Vicepresidente de Hipotecas Oakmont en el norte de California, la sucursal líder de la compañía. Ex vicepresidente de la Asociación de Mujeres Profesionales en Hipotecas.*

Cualquiera que sea mi objetivo en el momento, siempre encuentro ventaja si me visualizo completándolo exitosamente. Otro factor clave es jugar un rol vistiéndote y actuando de manera poderosa, incluso cuando estés desanimado. La energía positiva atrae respuestas positivas. En otras palabras, "camina el camino, y habla la plática". Yo espero el éxito y me siento responsable de éste; entonces el resultado está garantizado. Mucho más importante aún, es que cuento con mi fe para ayudarme a lograr mis metas. La gente exitosa ha llegado justo ahí, en su mente al cien por ciento.

Palabras clave: Energía, visualización, perseverancia.

Historia milagrosa

Mandato angélico

Los seres celestiales sirven como amigos y compañeros de por vida. Durante un programa de radio los escuchas llamaron y compartieron historias de ángeles. Ésta es profunda y envuelve a dos generaciones.

Mi padre, a los 34 años, era un ministro influyente. En el otoño de 1979, un borracho chocó su coche. Se pensó que los dos estaban muertos pues sus restos se encontraban atrapados dentro del automovil. Un ángel que estaba en la escena sabía la verdad y gritó llamando a un paramédico: "¡Brinca y sácala! Ella aún está viva." (El paramédico testificó esto en la corte.) Mientras usaban las herramientas para liberar a mi mamá, el equipo de rescate la encontró con un pulso muy débil. Mamá, de 31 años en el momento del accidente, cuenta que vio a mi padre rodeado de ángeles mientras caminaba por una colina hacia la luz.

Veinte años después, en el otoño del año en el que yo cumplí 31, también sobreviví a un accidente de auto. A 70 millas por hora, mi vehículo se salió de control y comenzó a girar, sacándome del auto en el primer giro. Sorprendentemente, sentí como si un ángel me hubiera rodeado con sus poderosos brazos, empujándome a través de la ventana del conductor y colocándome en el pasto. A pesar de haber golpeado el suelo a alta velocidad, nunca perdí la conciencia y ningún hueso se me rompió. ¡Los ángeles deben haber guiado el auto por que aterrizó a pocos centímetros de mi cabeza!

AFIRMACIONES

Estoy recibiendo riquezas.

Tengo seguridad financiera.

Estoy atrayendo mentores.

Tengo ángeles asistentes.

Estoy aceptando el apoyo.

APOYO

CONSULTA

*T*odos, incluyendo a profesionales experimentados, se benefician con la guía y el apoyo de otros. Para permanecer en la rápida senda del desarrollo de la carrera debes invitar a participar en tu vida a mentores valiosos y a colegas. Un sistema de apoyo confiable provee una mayor seguridad financiera.

Harold, ángel del apoyo

ÁNGEL ESPECIALISTA

	Arcángel Miguel
Barry	Ángel de la fuerza
Cheryl	Ángel de las relaciones con el cliente
Christopher	Ángel de las oportunidades
Jacobo	Ángel de la educación
Jordan	Ángel del trabajo en equipo
Kyle	Ángel de las sociedades
Leslie	Ángel de la diplomacia

Loretta	Ángel de las nuevas empresas
Marcos	Ángel de las ventas
Salomón	Ángel de la seguridad

CASO PRÁCTICO - *Aceptar una mano que ayuda*

Annette escuchó por primera vez acerca del trabajo social en la televisión. Sin embargo, 20 años pasaron antes de que le fuera posible perseguir su sueño especial. Ella era el único soporte económico para dos niños pequeños, por lo que estaba determinada a actualizar sus habilidades profesionales y a mejorar su autoestima.

Trabajar medio tiempo para una universidad local me permitió estudiar varios cursos. Un día, un compañero de clase me invitó a un seminario de *Primeros auxilios angelicales* y desde entonces mantengo una relación con los seres celestiales.

Como madre soltera, me enfrenté a muchas barreras sociales. Sin embargo, mi fuerte fe en los ángeles me impulsó. Asistida por Jacobo, ángel de la educación, obtuve la licenciatura y la maestría en trabajo social.

Estoy muy agradecida porque la educación superior ha mejorado considerablemente mi vida. Para compartir este mismo tipo de éxito con otras personas que estaban en condiciones similares, se me presentó la oportunidad perfecta: dirigir un programa de desarrollo para las mujeres en mi *alma mater*.

Para unir las acciones positivas usamos el remedio de "Álbum de ángeles" como la herramienta primaria para el éxito. Las estudiantes de hecho disfrutan al identificar sus habilidades únicas y al diseñar sus propios caminos profesionales. Además, también practicamos el remedio "Siguiendo" en una base diaria y pedimos a nuestros ángeles sus valiosos consejos.

Pasos para el éxito de Annette

Primero y más importante: escucha y sigue tu guía interna. Segundo: persigue una educación avanzada. Tercero: satisface el deseo de servir. Siempre puedes apoyarte en los ángeles.

REMEDIOS

Reuniéndote con un ángel

Conectarte con la gente adecuada es fundamental para construir una organización. Emplear
este ejercicio te ayudará a hacer conexiones de negocio
rentables. Jugando el rol de un empresario que está
asistiendo a un evento de sistemas en red, tú llegas,
dinámico y lleno de energía. Loretta, ángel de los
negocios nuevos, y Leslie, ángel de la diplomacia, se te
unen para apoyarte. Ellas están cerca de ti mientras
chocas las manos con los otros asistentes. Cada
persona te apoya entusiasmada dándote ideas y
estrategias para ser exitoso. Continúa "trabajando la
habitación" ganando más confianza con cada nuevo
contacto. Sostén este sentimiento al menos por un
minuto. Al dejar el grupo, sabes que Loretta y Leslie
están siempre disponibles para iniciar relaciones
profesionales constructivas.

Dosis: Tres veces por semana.

Ventas para el éxito

El mercadeo efectivo estimula el crecimiento
financiero a través del aumento en las ventas.
Llevar a cabo esta técnica te ayudará a comenzar tu

propia compañía. Visualiza un escenario en el que Marcos, ángel de las ventas, es el gerente regional dando un seminario titulado "alcanzando y aumentando las cuotas". El nivel de energía en la habitación aumenta notablemente durante su importante plática. Él detalla los procedimientos necesarios para garantizar la satisfacción de los clientes, luego discute cómo identificar y alcanzar el mercado. Reflexiona estos puntos y la forma en que pueden ser implementados como medios para estimular el interés en los productos. Finalmente, Marcos subraya los beneficios que se pueden lograr a través de la asociación con el reino angélico. Después de terminar el seminario, asegúrate de incorporar estas recomendaciones a tu negocio para que el resultado sea el éxito.

Dosis: Regularmente.

Dinero de juguete

Es atractivo generar ingresos para impulsar actividades recreativas. Desarrolla la prosperidad adicional para el entretenimiento usando este remedio. Carga dinero de juguete similar al del juego llamado "Vida", que incluye billetes de $100,000. Los ángeles asienten con la cabeza mientras colocas estos símbolos de afluencia en tu bolsillo, cartera o bolsa. También, pega en tu computadora, pizarrón o retrovisor del coche estos billetes; en cualquier lugar donde puedas verlos con frecuencia. Cada vez que el "dinero" es visto o tocado, imagina ser dueño de la misma cantidad de dinero real. Luego repite esta afirmación tres veces: "Expando mi tolerancia a la riqueza". Cuando te acostumbres a tener grandes dominios de dinero en la mano, grandes cantidades entrarán en tu vida.

Dosis: Diario, para fondos adicionales.

Fundación sólida

El trabajo en equipo es fundamental para todo tipo de negocios productivos. Unir estos singulares esfuerzos a un propósito común se vuelve más fácil con esta técnica. Jordan, ángel del trabajo en equipo, actúa como tu consejero en un lugar de construcción. Los proyectos imaginarios representan planes para alcanzar objetivos. Junto con tu equipo, desarrolla una estrategia que lleve este proyecto a concretarse. Delega las tareas con la gente apropiada. Presta mucha atención cuando ofrezcan ideas innovadoras y discútelas. El entusiasmo crece mientras los participantes se sienten valorados. Ellos saben que el logro de sus metas permitirá que la compañía prospere. Pídele a Jordan que, junto con el equipo, finalicen los planes.

Dosis: Dos veces por semana.

Honores en los negocios

Los ejecutivos, así como los empleados, se sienten validados al ser premiados por sus esfuerzos. Enfócate en la importancia de tus numerosas contribuciones practicando el siguiente remedio. En este escenario, acabas de ganar el Premio del Servicio al Cliente de la industria. Cheryl, ángel de las relaciones con el cliente, te pide una entrevista para la revista *Negocios Profesionales*. Ella comienza diciéndote: "Por favor comparte con nosotras algunas claves para el éxito". Tú contestas: "Ser un buen escucha, atender las necesidades del cliente y dar servicio de calidad". Cheryl, curiosa acerca de tus habilidades de trato con la gente, pregunta: "¿Hay algo más importante cuando tratas con otros?" Tú respondes: "Tratar a todos de la forma en la que quieres ser tratado". Impresionada con estas repuestas, el ángel te felicita y te otorga un premio de mucho dinero.

Dosis: Cuando sea necesario.

MEDICINA PREVENTIVA

√ Dos remedios, dos veces por semana.

√ Tres afirmaciones, dos veces por semana.

PREGUNTAS PARA EL ÉXITO

¿Facilitarán los ángeles la construcción de un equipo?

La camaradería así como la compatibilidad son aspectos predominantes para crear una organización productiva. Los seres celestiales pueden unir las sociedades entre las personas que se esfuerzan por trabajar juntas. Conclusiones mutuamente benéficas a tareas serán fomentadas por un "equipo angélico" en el ambiente de trabajo.

Ángel especialista: Jordan, ángel del trabajo en equipo.

Remedio primario: *Fundación sólida*, página 140.

¿Pueden los ángeles mejorar la relación con los clientes?

Los ángeles establecerán el escenario para crear una situación de ganar-ganar. Siempre estarán presentes para estimular interacciones lucrativas con el cliente y asegurar una ganancia productiva para todos los involucrados. Los seres celestiales aceleran el éxito en el mercado enfocando su atención en proveer cuidados de calidad para el cliente.

Ángel especialista: Cheryl, ángel de las relaciones con los clientes.

Remedio primario: *Honores en los negocios*, página 141.

SEGUNDA OPINIÓN

Jennifer White - *Presidente del Grupo JWC. Autora de*: Trabaje menos, gane más: ¡Deje de trabajar tan duro y cree la vida que realmente quiere! *y* Aloque a su gente sin enloquecerlos.

Clarificar y escribir las metas es mi primer paso para el éxito. Despues encuentro la forma de expresar mis sueños contándoles mis ideas a todos. Luego de que los demás compran mis objetivos y los adoptan como propios, los milagros comienzan a ocurrir. El último paso es dejar ir mi ego. Eso significa escuchar mi intuición y los consejos de los ángeles. Cuando estoy en armonía, es más fácil encontrar el lugar divino donde pueda crear lo que desea. Prestando atención o aceptando ser guiada, todo sale a la perfección. El secreto para el éxito es confiar en ti mismo y tener fe en tu voz interior; sin embargo, esa es a menudo la parte más difícil.

Palabras clave. Claridad, confianza, comunicación.

Historia milagrosa

Ángel protector

Al final de una fiesta de ángeles, Betty insistió en calendarizar una consulta personal para la siguiente tarde. Durante nuestra sesión ella compartió ansiosa su vívido encuentro con un "ángel físico".

Manejando desde Springfield a Chicago, me encontré sola en una carretera desierta. Sin ningún aviso, un hombre en una camioneta trató de forzar mi auto para sacarlo del camino.

Aunque estaba asustada, sabía que el arcángel Miguel era mi gran protector, así que grité: "¡Ayúdame!" Como si fuera la respuesta a mi llamado apareció un motociclista, con su cara dentro de un casco azul. Este "ángel protector" se las ingenió para maniobrar su motocicleta entre los dos vehículos y se mantuvo ahí todo el tiempo, sin importar la velocidad a la que íbamos.

Eventualmente, el conductor de la camioneta quedó tan frustrado que se fue de la carretera. Sin embargo, varias millas adelante, apareció de nuevo dirigiéndose directamente hacia mí. Una vez más mi ángel protector intervino a mi favor. Después de quince millas de persecución, el agresor se dio por vencido y dejó la carretera. Estoy extremadamente agradecida con el arcángel que estaba alerta y me mantuvo segura.

AFIRMACIONES

Soy una persona exitosa.

Tengo un estilo de vida próspero.

Soy genuinamente apreciado.

Tengo una ganancia abundante.

Soy reconocido por mis talentos.

ÉXITO

CONSULTA

*L*El éxito se mide realmente por el grado en el que la gente se siente contenta y satisfecha. Mientras los individuos siguen un camino espiritual, experimentan un sentido de satisfacción. Cuando se disfruta de la felicidad, la abundancia y la prosperidad, todos pueden crecer y ser afortunados en todos los aspectos de la vida.

Jorge, ángel del éxito

ÁNGELES ESPECIALISTAS

	Arcángel Miguel
Christopher	Ángel de las oportunidades
Eileen	Ángel de la felicidad
Evelyn	Ángel de las manifestaciones
Jeremías	Ángel de la seguridad financiera
Jonathan	Ángel de los negocios
Katrina	Ángel de la prosperidad

Loretta	Ángel de los nuevos negocios
Nicole	Ángel de la negociación
Randolph	Ángel de la expansión
Samuel	Ángel de la excelencia

CASO PRÁCTICO - *Experimentado una vida plena*

De adolescente, Andrew aprendió de su padre los pasos que debía seguir un empresario exitoso. Años después, los hijos de Andrew recibieron el beneficio de esta experiencia transmitida por generaciones.

Antes de los 20 años había tomado dos decisiones importantes. Primero, la educación debía ser una prioridad, no sólo por el crecimiento personal, sino también para ser una mejor persona. En un esfuerzo por encontrar la carrera más enriquecedora, probé todo lo que me interesaba y así logre obtener grados en leyes, contabilidad y psicología. Durante la universidad, invertí mi tiempo y recursos comprando y rehabilitando casas.

Después de explorar varias oportunidades, mi principal enfoque era el desarrollo de propiedades. Como dueño de varios centros comerciales y complejos habitacionales, había alcanzado muchas metas de largo plazo y compartido las recompensas de mí éxito con los demás. El consejo que di a mis hijos fue: "Obtengan una buena educación y aprecien sus bendiciones."

La segunda decisión fue hacer del "juego" una parte importante de mi vida. Incorporé esta actitud a los libros para niños que escribo así como a mi rutina diaria. Cuando un amigo me mandó una copia de *Primeros auxilios angelicales*, comencé a conversar con Samuel, ángel de la excelencia, y elegí "Dinero de juguete" como mi remedio favorito. Mi deseo siempre ha sido lograr la prosperidad divirtiéndome.

Pasos para el éxito de Andrew

Nunca dejes de aprender o encuentra formas para obtener una mejor educación. Persigue las mejores cosas de la vida tomándote un tiempo para jugar. Alienta a otras personas a seguir sus propios caminos.

REMEDIOS

Escala al éxito

Para lograr una abundancia sustancial, es importante recordar y apreciar tu historia de logros, especialmente los que hayan progresado exitosamente. Mentalmente prepárate para escalar la montaña del éxito. Viste la ropa adecuada para hacer el viaje más fácil. Con cada uno de tus pasos, date cuenta que eres un escalador muy competente y que puedes llegar a la cima. Alcanzando la cumbre, revisa tus triunfos, y reconoce a los ángeles, consultores y socios en los negocios que han sido tus mentores en el camino. Reconoce también los beneficios tomados de tus experiencias positivas. Cuando desciendas expresa tu gratitud por todas las formas de guía y apoyo que has recibido a lo largo de tu la vida.

Dosis: Tres veces por semana.

Imán de dinero

Un flujo continuo de ganancias lleva a la prosperidad. Emplea este ejercicio como una valiosa herramienta para aumentar los fondos y acumular riqueza. Jeremías, ángel de la seguridad financiera, se vuelve una pieza clave. Obsérvalo acercándose. Él manda un rayo que magnetiza tu ser. Ahora tienes el poder requerido para atraer la prosperidad. El ángel sugiere repetir esta afirmación: *¡Soy un poderoso imán de dinero!* Habla con entusiasmo deliberado mientras te imaginas dinero viniendo hacia ti de todos lados. Esta potente declaración, combinada con la fuerza especial de Jeremías completa todo el proceso. Ahora, toma el dinero que chispea crecimiento financiero e independencia.

Dosis: Diario, para fondos adicionales.

Éxito escolar

Logra metas y realiza objetivos usando la visualización. Acentuá la habilidad de sobresalir siguiendo esta técnica que se basa en recibir un grado de la "Escuela del éxito". Mientras la clase se despide, tú has sido seleccionado para dar el discurso de inicio, por haberte graduado con altos honores. Date cuenta cómo todos miran orgullosos tu presentación. Relata a los invitados lo que has aprendido acerca de lograr el éxito. La audiencia escucha atenta mientras tú te enfocas en la importancia de seguir el propósito de tu vida. El sonido de los aplausos llena el ambiente mientras Jorge, ángel del éxito, está estrechando tu mano y dándote un diploma. Al agradecer considera el potencial que genera tener este grado.

Dosis: Cuando sea necesario.

Expande tu territorio

Permitir el crecimiento es un factor obligatorio en cualquier estrategia de negocios. Practica este remedio para crear un plan confiable que asegure la continuidad de una empresa rentable y productiva. Pide a Randolph, ángel de la expansión, que contribuya con su experiencia para incrementar el territorio de tu compañía. Imagina un mapa gigante que abarque todas las regiones servidas actualmente por tu organización. Después selecciona las áreas geográficas que quieres cubrir, resaltándose con un marcador azul. Visualiza que toda las líneas se expandan para crear dimensiones más grandes que coincidan con tu visión para el futuro de la compañía. Establecer los nuevos parámetros permite que los ángeles sepan exactamente dónde se necesitan sus bendiciones y cómo pueden ser más efectivos.

Dosis: Regularmente

Baño de dinero

El apoyo angélico construye la base fundamental para lograr el progreso. Usando esta técnica, encontrándote imaginariamente en un desfile con papelitos de colores volando, asegura tu deseo por aceptar la bonanza. Visualízate sentado en la parte trasera de un convertible. El coche está rodeado por gente animando y aplaudiendo. Esparcidos entre las personas, los ángeles están emocionados y sonríen orgullosos, bañándose en la gloria de los billetes de $100 que caen desde arriba. Mientras la emoción crece en ésta última tribuna, sostén ese sentimiento por un minuto. Cerca del final del camino del desfile, haz un saludo triunfante, sabiendo que estás bien preparado para escalar la cima para el éxito.

Dosis: Diario.

MEDICINA PREVENTIVA

√ Dos remedios, tres veces por semana.

√ Dos afirmaciones, dos veces por semana.

PREGUNTAS PARA EL ÉXITO

¿Los ángeles aceleran la victoria?

Los seres celestiales motivan a los profesionales a perfeccionar su visión de excelencia. Como consultores, los mensajeros asisten a los individuos para lograr niveles más altos de desempeño y realizar sueños. Estos guardianes ofrecen a sus encargados grandes posibilidades para hacer conexiones con aliados de negocios.

Ángel especialista: Jorge, ángel del éxito.

Remedio primario: *Baño de dinero*, página 152.

¿Pueden los ángeles ser un impacto en la seguridad financiera?

Los ángeles guardianes se aseguran de que sus protegidos tengan el capital necesario para financiar iniciativas. Trabajando juntos en el reino angélico, los seres celestiales proveen recursos para completar las aspiraciones monetarias. Ellos apoyan el desarrollo de donativos que ayudarán a apresurar el crecimiento próspero.

Ángel especialista: Jeremías, ángel de la seguridad financiera.

Remedio primario: *Ley de incremento*, página 79.

SEGUNDA OPINIÓN

Kyle Koch - *Fundador de Oz Administación y consulta, Inc. Ex director de reclutamiento para Kanbay, Inc. Ex miembro del Consejo Tecnológico de las universidades Loyola y DePaul.*

El éxito es algo que puede lograrse a través de la acción generada por el combustible de la energía humana. Mientras mucha gente sólo espera y tiene la esperanza de que algo suceda, otros opinan que los planes siempre deben hacerse para alcanzarse. Al dirigirme hacia mis objetivos, busco la oportunidad de aprender nuevas habilidades. Esto significa explorar otros campos de interés y capitalizar mis talentos. La fórmula que me ha ayudado a lograr el éxito es: analizar la situación, planear una estrategia y luego implementar el plan. También es mi meta buscar individuos que puedan darme guía y ser mentores. Recuerda que es la gente —no las compañías— las que engrandecen tu carrera.

Palabras clave: Analiza, planea, implementa.

Historia milagrosa

Asistente ejecutivo

Paul, director general de una corporación interna-
cional, se refiere a su ángel guardián de manera
inusual. En esta historia revela los milagros extra-
ordinarios que su ángel específico le entregó.

Durante mi juventud, un poco alocada, sobreviví intacto gracias a mi ángel ejecutivo. Años
después, nuestro hijo Jeremy nació con el
cordón umbilical enrollado doblemente en su
cuello. Viendo el intenso drama de los docto-
res al tratar de mantenerlo con vida, mis
piernas temblaban. Rogué a mi ángel guardián
que salvara a nuestro hijo. Él lo hizo y hoy
Jeremy es un niño sano de cinco años.

Cuando nuestros amigos tuvieron a su primer
hijo, un bebé prematuro, mi petición urgente
fue la de un ángel joven que me cuidara a mí
mientras mi ángel ejecutivo ayudaba al recién
nacido de mis amigos. En la iglesia, el

siguiente día, consideré pertinente preguntar el nombre de mi ángel y me preguntaba si confiaría en la respuesta.

Justo una hora después, recogí el periódico de la entrada de mi casa y vi a la dama de los ángeles. El artículo mencionaba que ella daría a la gente el nombre de sus ángeles. ¡Se me salieron las lágrimas! ¿Qué tan seguido llega una respuesta tan clara? La única forma para que esto hubiera sido más obvio era un letrero diciendo "el nombre de tu ángel guardián es..."

> *"La mente de un hombre una vez fortalecida por una nueva idea, nunca recupera sus dimensiones originales".*
>
> *Oliver Wendell Colmes*

Receta para el éxito

*U*n conocimiento, sentimiento o satisfacción especial viene de estar en armonía con tu guía espiritual. Los profesionales que comparten las siguientes experiencias han hecho esta conexión. Aunque el éxito significa algo distinto para cada uno de estos individuos, confiar en sus propias habilidades y actuar bajo su propia sabiduría interior —en cada caso— hace su vida más valiosa.

Jill St. John - *Productor matutino / co anfitrión: Y-94FM, Canal Claro - Fargo.*

He ganado la prosperidad por haber tomado decisiones en mi profesión que se basan en lo que *siento* en mi corazón y en mi alma, en lugar de lo que *pienso*. Esta filosofía nunca me ha fallado y es el resultado de vivir con fe. Entre más confías en tu fe, más evidencia aparece para mostrarte que no estás solo. ¡Qué paz trae esto!

Otro factor importante ha sido mi fuerza cuando tengo que manejar grandes desilusiones. Si estás destinado a tener algo, eso será tuyo. Sé paciente, puede llevar tiempo conseguirlo.

Finalmente, ríete cada día y nunca te tomes la vida muy en serio. Los ángeles nos enseñan a ser felices y a jugar. Éstas son todas las cosas que me han ayudado, y claro, no está de más que Katrina, ángel de la prosperidad, sea mi ángel guardián.

———————

Anita Belkin - *Vendedora retirada en Jacobsons, East Grand Rapids, Michigan.*

> *No puedes avanzar si estás viendo hacia atrás.*

Tom Fuller - *Cantautor. Director General de Industrias Fullco, compañía de distribución de productos industriales.*

Es el deseo de Dios que seamos exitosos. En mi rol creativo no hay duda que las canciones me son "enviadas". Un proceso curativo resulta de escribir acerca de los problemas y las emociones de los humanos. La gente se identifica con estos sentimientos en mi música.

Para los negocios, pide que te sea asignada una tarea específica en la que puedas sobresalir. Es muy importante que trates de dar el primer paso. Continúa dando pequeños pasos que con el tiempo se volverán gigantes. La perseverancia es la base para el éxito. Nunca te des por vencido bajo ninguna circunstancia. Siempre ve un paso adelante —los triunfadores hacen lo que los perdedores no pueden hacer.

===

Karon Gibson - *Autora de* Enfermeras por nuestra cuenta. *Anfitriona de dos programas de televisión. Enfermera en locaciones de películas.*

Cuando era joven y pedía algo, mi padre me decía "no". Luego era mi labor convencerlo para que cambiara su respuesta a "sí". Gracias a eso cuando alguien en los negocios me decía "no", yo me las ingeniaba para cambiar la respuesta de esa persona.

Los ángeles han jugado un rol importante en mi vida, guiándome constantemente. Cuando no quería dejar un trabajo, pero estaba forzada a cambiarlo, éste se convertía en el de mi mayor interés.

Nunca subestimes el valor del coraje de alguien. Mi esposo me ha ayudado a creer en mis habilidades. Mientras otras personas se reían de mi sueño de escribir un libro, él me apoyó. Fue su confianza en mí, así como mi perseverancia, las que hicieron posible su realización.

===

Raz Ingrasci - *Presidente del Instituto Hoffman. Veterano por treinta años del movimiento de curación potencial.*

Para ser exitosa, la gente necesita seguir a su corazón y usar su inteligencia. Si tu corazón no va por el camino correcto no puedes ser feliz. Nosotros nos curamos cuando contribuimos con el mundo, así que presta atención a tu salud. Encontrar la plenitud es esencial y necesita de cambios en nuestro comportamiento además de los valores espirituales. Yo sé que esto hace el camino de una persona más claro. Apoyo, cuidado y guía serán accesibles en el camino.

Deborah Benton - *Autora de* Los leones no necesitan rugir *y coordinadora/presentadora de seminarios para ser líder.*

Mi padre es el modelo de mi vida. De él he aprendido el valor de usar la sabiduría como herramienta para el éxito. Ahora, como consultora, yo apoyo esta filosofía: 1) a veces las cosas que suceden en los negocios o en la vida son impredecibles, pero debes permanecer en tu camino; 2) trabaja duro desde temprano y no desperdicies el tiempo, ni una hora del día; 3) mantente en tu objetivo: a menudo un intento, una llamada telefónica o una carta no son suficientes; 4) vuélvete mejor mientras estás en algo, busca perfeccionarte al acercarte a las cosas; 5) realiza tus actividades sin miedo —muévete hacia delante logrando lo que no pensaste que podrías hacer; y 6) muéstrate como una persona contenta y exitosa. Tu carácter, motivación y bondad determinarán el tipo de ser que eres.

═══════════

Elizabeth Larkam - *Experta en pilates. Entrenadora del* Cirque du Soleil. *Ex instructora de baile en la Universidad de Stanford.*

Cuando tengo la oportunidad de tener fluidez divina dentro de mí y facilitarle la experiencia a otra persona, me siento profundamente satisfecha. Para mí éste es el sentimiento del verdadero éxito. Una oración que digo muchas veces durante el día me guía en esa dirección: *Transfórmame para estar en armonía con el fluir del amor divino, en tiempo divino y por la mayor bondad concentrada de todo.* Estos son los elementos que me llevan al éxito. Estoy bendecida con cada mentor y recomiendo buscar la iluminación de este tipo de individuos.

Daphne, mi hermana menor, nació con varias incapacidades y no puede hablar. Sin embargo, tiene una gran sensibilidad para la música. Cuando éramos chicas, mis cantos y bailes la calmaban y reconfortaban. Así es como nos comunicábamos. Ahora mi tarea es estar en el mundo curando a otros a través de la música y el movimiento, con Daphne como mi compañera silenciosa.

═══════════

Joe Gentile - *Filántropo. Dueño de una conce-sionaria* Chrysler. *Fundador de la estación de radio WJJG.*

Al entrar a la carrera de las ventas quería ser el vendedor número uno y lo conseguí. Un requisito primordial para alcanzar el éxito es el servicio, cuidar a los clientes. Esto significa ser siempre educado con la gente, así como ser competitivo con los precios. En la concesionaria y en la estación de radio nuestras metas son ser honestos y francos, creer en los productos y sostener lo que decimos. También es importante, en todos los aspectos de las ventas, ser un buen escucha. Aunque tomes todos estos factores en consideración, el punto clave es: poner el tiempo y el esfuerzo necesario para ser el mejor. ¡Eso es éxito!

===============

Major Belkin - *Fundador de la Compañía de ma-quinaria Major, East Grand Rapids, Michigan.*

> *Si vas a estar en el equipo, sé el capitán.*

Jan Nathan - *Director de la Asociación de Publi-cistas de Mercadeo, representa a 3,500 publicistas de libros, audios y videos.*

El amor por los libros y el deseo de ayudar a la gente para que logre sus metas, han sido aspectos importantes para mí, tanto personal como profesionalmente. Mi familia entera me fortalece y siento que puedo lograr lo que quiera si lo deseo con todo mi ser.

El reto más difícil de mi vida fue cuando tuve que contratar trabajadores y ser el jefe del personal. Como empresario, hice tanto yo mismo, que me tomó tiempo dejar a otros hacer los proyectos a su modo. Hoy en día mi equipo es una de las grandes satisfacciones de mi carrera.

Si la pasión por tu trabajo, más la felicidad en tu vida personal son iguales al éxito, entonces yo soy una persona muy exitosa.

═══════════════

Chuck LaFrano- *Instructor del Instituto de entrenamiento de bienestar y masaje. Ex jefe del equipo de masaje de los Osos de Chicago.*

Haz lo que disfrutes. Sé el mejor en lo que elijas; la prosperidad sigue a la calidad y a la competencia. Cuando te concentres en hacer todo bien, el dinero surgirá por sí mismo. Con tal de tener la oportunidad de adquirir conocimientos o nuevas habilidades básicas, yo estaba feliz de trabajar por poco dinero. Mi valor se mide por lo mucho que he aprendido y lo mucho que he aportado.

═══════════════

Dick Green - *Presidente/Jefe operativo de: Bistex Inc. Miembro de Líderes por la Excelencia, Ética y Justicia en los Negocios.*

Creo que mi misión en la tierra es hacer el bien; como recompensa he sido bendecido y afortunado. En respuesta a muchas preguntas de niño, mis familiares decían: "¡Seguro vas a ser exitoso, porque ya lo eres!" No hay una fórmula secreta para lograr el éxito —sólo ve con la corriente de cada oportunidad. También aprende todo lo que te sea posible; sé cuidadoso en tus hábitos de trabajo y disciplinado; maneja las responsabilidades y mantén la concentración. Entrega toda tu energía y serás exitoso.

———————

Cristiana Champ - *Terapista y maestra profesional de* shiatsu *y medicina china. Instructora de* Chi-Lel/ Qigong.

Mi éxito se basa en prestar atención, escuchar mi guía interna, y seguir lo que está planeado para mí. Siempre ha sido mi corazonada encontrarme a Dios en el camino. Actuando de acuerdo al orden divino, muestro amor y compasión por los que me rodean. Siento que he ganado la carrera cuando soy capaz de tocar el alma de alguien más. El éxito se construye en beneficios, es un producto grandioso y muy apreciado.

Tom O'Donnell - *Presidente/Director de Tecnologías Full Circle. Ex presidente del Consejo de Seguros de la ciudad de Kansas.*

> *No importa si utilizas la herramienta incorrecta; lo importante es lo que logres al final.*

Bernie Belkin - *Fundador y presidente de: Trans Continental Inc. Director del Grupo de Inversión de Alta Tecnología (Silicon Valley).*

A los diez años, usar mis habilidades musicales me ayudó a ganar confianza y me convenció de que podría ser excelente músico. En mis veintes escuché el dicho "toma el camino de en medio". Estoy orgulloso de siempre haber hecho eso —balancear la familia, los amigos y la carrera. Creo que este compromiso personal también incluye el servicio y el apoyo financiero de la comunidad, el país y el mundo entero. Invierto mi energía hacia construir una red internacional exitosa en la que todos ganen.

Mary Jane Popp - *Anfitriona del programa de radio Poppoff. Actriz, escritora, ex presentadora de las noticias del Sindicato de Noticieros.*

A los doce años me di cuenta que podía ser exitosa en lo que Dios me diera. Realmente me dio un gran regalo: el talento de ser capaz de mover a la gente del llanto a la risa con mis cantos y mis palabras. Así que pertenezco al escenario y básicamente toda mi vida he estado ahí.

Tomar conocimiento de diversas fuentes ha sido importante para mí. En mi nuevo programa de radio es una prioridad entrevistar a personajes especialistas de diferentes materias. La información que estos profesionales imparten permite a los escuchas mejorar sus vidas. Al final de cada programa pido que todos repitan tres veces: "Atrévete a soñar, atrévete a soñar, atrévete a soñar". ¡Nunca dejes un sueño, que sin un sueño no tienes vida!

Este libro es sobre la felicidad, la prosperidad, y la satisfacción. El mensaje clave es recordar, después de leer Primeros auxilios angelicales, *que realmente nunca estás solo mientras subes las escaleras hacia el éxito. Observa la sincronía, pues ésta anuncia la proximidad de los ángeles. Cuando experimentes las bendiciones de estos seres celestiales exprésales tu aprecio y ábrete para recibir más. Los ángeles quieren hacer todas las cosas posibles para ti. Invítalos a tu vida.*

Glosario de ángeles

Arcángeles

Gabriel, ángel de la comunicación: Entrega mensajes; trabaja con las artes y la invención.

Miguel, ángel de la protección: Provee asistencia y guía; vela por la justicia divina.

Rafael, ángel de la curación: Crea fuerza y energía para el bienestar; promueve la hermandad.

Uriel, ángel de la espiritualidad: Inspira conciencia así como iluminación; fomenta la prosperidad.

Ángeles especialistas

Alan, ángel de las inversiones: Promueve el crecimiento financiero; realza las decisiones en voz alta.

Alexander, ángel de la invención: Cultiva las ideas; inspira el desarrollo de conceptos.

Alicia, ángel de la serenidad: Inculca paz interior, armonía y sensación de tranquilidad.

Allison, ángel de las plantas: Apoya el crecimiento o el cultivo de las plantas.

Annette, ángel de la gratitud: Promueve la apreciación y la gratitud.

Bárbara, ángel de la fama: Asiste en el desarrollo de la carrera de los aspirantes al entretenimiento.

Barry, ángel de la fuerza: Aumenta la energía para la resistencia; da poder y apoyo.

Bernardo, ángel de las computadoras: Ofrece experiencia técnica, información y habilidad.

Bettina, ángel de la creatividad: Inspira nuevas ideas para las artes, la ciencia y los negocios.

Blake, ángel de la comodidad: Fomenta el bienestar físico así como la paz mental.

Brian, ángel de las relaciones: Promueve asociaciones armónicas y benéficas.

Calvin, ángel de los bienes raíces: Guía la adquisición o la venta de un bien raíz.

Cameron, ángel del clima: Protege en las tormentas; vela por las condiciones atmosféricas.

Carolina, ángel del pensamiento positivo: Aumenta los pensamientos alegres, productivos y positivos.

Cheryl, ángel de las relaciones con clientes: Fomenta las interacciones benéficas y lucrativas.

Christopher, ángel de las oportunidades: Abre todas las puertas para los contactos exitosos de negocios.

Constanza, ángel de las relaciones públicas: Ayuda a generar medios de comunicación influyentes.

Cornell, ángel de la toma de decisiones: Ayuda a hacer una evaluación efectiva de la información.

Cory, ángel del desarrollo de la carrera: Construye habilidades profesionales y oportunidades sólidas.

Courtney, ángel de la responsabilidad: Organiza las actividades para completar tareas y deberes.

Darrin, ángel de la vivienda: Ayuda a localizar viviendas accesibles y cómodas.

David, ángel de la camaradería: Estimula la amistad para la hermandad y el trabajo en equipo.

Deborah, ángel de las entrevistas: Da apoyo además de concentración a los que buscan trabajo.

Denice, ángel de la contabilidad: Compila información y analiza las figuras; maneja las finanzas.

Diane, ángel del cuidado de los niños: Conecta a los niños con niñeras amorosas y confiables.

Douglas, ángel de la política: Promueve la credibilidad; retiene las relaciones con los electores.

Eileen, ángel de la felicidad: Da una sensación de bienestar, dicha y alegría.

Esther, ángel de la vitalidad: Genera resistencia, energía y ayuda para tener una salud vibrante.

Evelyn, ángel de la manifestación: Atrae la riqueza, prosperidad, éxito y la abundancia.

Florencia, ángel de la compasión: Refuerza los sentimientos de bondad, empatía y preocupación.

Francis, ángel de la sabiduría: Establece una conexión para una alta dirección y entendimiento.

Gordon, ángel de la concentración: Aumenta la concentración, aclara el pensamiento y la agudez mental.

Gunther, ángel del buen estado físico: Fortifica la energía que ayuda a las rutinas de ejercicio.

Harold, ángel del apoyo: Coloca a mentores benéficos; ofrece guía y seguridad.

Irene, ángel de la paciencia: Mejora la habilidad de mantener la postura y mantenerte calmado.

Jacobo, ángel de la educación: Expande la comprensión así como el conocimiento y la conciencia.

Jaime, ángel del discurso público: Brinda confianza; engrandece las habilidades de la gente.

Jason, ángel de la organización: Provee la concentración necesaria para crear orden durante una acción.

Jeremías, ángel de la seguridad financiera: Ayuda a construir un fundamento para la riqueza.

Jessie, ángel de las fechas límite: Ofrece apoyo para completar las tareas a tiempo.

Joanne, ángel de la relajación: Crea una atmósfera que promueve el descanso y la recreación.

Jonathan, ángel de los negocios: Desarrolla oportunidades para que se expandan las compañías.

Jordan, ángel del trabajo en equipo: Promueve la camaradería así como el apoyo entre los colegas.

Jorge, ángel del éxito: Genera oportunidades para la prosperidad y los logros.

José, ángel de la alegría: Concede una sensación de alegría, felicidad y de satisfacción real.

Katrina, ángel de la prosperidad: Asiste en el logro de la riqueza, la salud y la satisfacción.

Kevin, ángel de la amistad: Inspira afecto, cercanía y respeto mutuo.

Kyle, ángel de las sociedades: Promueve la verdadera compatibilidad; realza las asociaciones benéficas.

Laramie, ángel de los descubrimientos: Acelera la localización de mascotas, objetos y personas perdidas.

Leslie, ángel de la diplomacia: Aboga por los negocios, las relaciones y los convenios amigables.

Luisa, ángel de la claridad: Agudiza la concentración y la compresión; estimula la vista más profunda.

Lorena, ángel de la gracia divina: Entrega la abundancia de las bendiciones y la riqueza espiritual.

Loretta, ángel de las nuevas empresas: Supervisa todas las labores relacionadas con la carrera y los negocios.

Lucian, ángel de los recursos: Crea muchas oportunidades para la prosperidad y la riqueza.

Magdalena, ángel de los maestros: Nutre la capacidad de impartir conocimiento.

Marcos, ángel de las ventas: Perfecciona las técnicas de venta para hacer transacciones rentables.

Mariana, ángel de la eficiencia: Maximiza la productividad al aumentar la concentración y las habilidades.

Mary Jo, ángel del tiempo libre: Provee recursos para jugar, divertirse y relajarse.

Maureen, ángel del tiempo: Asiste con la organización del tiempo para completar proyectos.

Melody, ángel de la autoestima: Mantiene la confianza en el valor y el mérito propio.

Melvin, ángel de la televisión: Cultiva ideas para el contenido y la producción de programas.

Michelle, ángel de los anfitriones de radio: Mejora la conexión con los radioescuchas.

Mirra, ángel de las artes curativas: Promueve todas las modalidades de curación; también ofrece compasión.

Nancy, ángel de la productividad: Inicia el desempeño del trabajo y promueve la eficiencia.

Nicole, ángel de las negociaciones: Dirige las transacciones exitosas y satisfactorias.

Pamela, ángel del ambiente: Fomenta las condiciones óptimas de vida para el planeta.

Paula, ángel de la energía: Aumenta la fuerza además de dar más vitalidad para la resistencia.

Perrie, ángel de la música: Asegura las habilidades y los talentos expresados en la iniciación musical.

Pedro, ángel de la salud: Cultiva la totalidad, el bienestar y la energía dinámica.

Phillip, ángel del empleo: Sostiene carreras exitosas encontrando posiciones adecuadas.

Raquel, ángel de la inspiración: Motiva con ideas frescas y mensajes creativos y positivos.

Randolph, ángel de la expansión: Arregla oportunidades para aumentar los negocios.

Raymundo, ángel de la tecnología: Supervisa las operaciones de los aparatos electrónicos.

Rebeca, ángel de la confianza: Refuerza y fortalece la sensación de autoestima.

Rex, ángel de los coches: Trabaja con los mecánicos para mejorar el rendimiento de los automóviles.

Rita, ángel de la escritura: Clarifica los pensamientos; provee concentración para las expresiones artisticas.

Roberto, ángel del balance: Ayuda a lograr el equilibrio, la estabilidad y la paz mental.

Robin, ángel del contacto social: Organiza eventos, citas y reuniones con amigos.

Ruth, ángel de la justicia divina: Arregla disputas; provee soluciones equitativas.

Sally, ángel de la perseverancia: Refuerza la persistencia y la determinación de tener logros.

Samuel, ángel de la excelencia: Asegura el deseo de tener un desempeño de alto nivel.

Sara, ángel de la armonía: Promueve las interacciones afectuosas, pacíficas y balanceadas.

Serena, ángel de los niños: Nutre, ama y protege a los jóvenes y a los jóvenes de corazón.

Salomón, ángel de la seguridad: Genera una sensación de protección, estabilidad y bienestar.

Susana, ángel de los viajes: Inspira el deseo de aventura; también provee protección en los viajes.

Tara, ángel del amor: Entrega bendiciones para el amor incondicional, el afecto y la aceptación.

Terina, ángel de la atracción: Encuentra o conecta almas gemelas; fortalece la compatibilidad.

Teodoro, ángel de la bondad: Desarrolla la generosidad y el afecto en las relaciones.

Teresa, ángel del poder: Fortalece la autoridad y la confianza personal.

Tomás, ángel del cuidado de los animales: Provee protección, además de curación y comodidad, para los animales.

Timoteo, ángel de la buena fortuna: Genera abundancia, riqueza y prosperidad.

Trevor, ángel de las reservas: Guía la evaluación del mercado; también promueve el éxito de las inversiones.

Tyler, ángel de la abundancia: Brinda recursos que traen bendiciones financieras y seguridad.

Úrsula, ángel de la iluminación: Reafirma la colaboración, el sentido de unidad y el acuerdo general.

Valeria, ángel de la comprensión: Provee conciencia o claridad y sabiduría.

Victoria, ángel de la orientación: Comparte consejos e indicaciones como apoyo adicional.

Walter, ángel de la banca: Dirige las transacciones financieras para incrementar el valor de las operaciones.

Wayne, ángel de la publicidad: Asegura la conexión entre creadores y publicistas.

William, ángel de la paz: Inspira serenidad y tranquilidad; promueve la unión entre las naciones.

Claves para el éxito

Este índice es una lista parcial de remedios que pueden ser consultados por su palabra clave. Considera el logro final que deseas alcanzar. Busca la palabra que mejor describa tu situación o la solución. Luego elige el remedio apropiado.

*El mejor para usar

Palabra Clave	Remedio	Página
Coraje	*Estimulador de moral	102
	Técnica de la respiración	37
	Puente al éxito	90
	Bola de energía	128
	Establecimiento de metas	44
	Surgimiento de poder	78
Creatividad	*Imagen del éxito	102
	Excelencia académica	114
	Colores creativos	92
	Repetición instantánea	116
	Monedas de poder	128
	Declaración de una visión	43
Crítica (superarla)	*El juez	114
	Coro angélico	67
	Puente al éxito	90
	Constructor de confianza	116
	Colores creativos	92
	Bola de energía	128
Decisiones	*Si o no	54
	Solución angélica	103
	Niebla mental	45
	Flotar en serenidad	66
	Correo de voz	90
Depresión	*Vitalidad extra	126
(superarla)	Técnica de la respiración	37
	Puente al éxito	90
	Constructor de confianza	116
	Golpecitos de energía	126
	El juez	114
Desarrollo	*Sacando inventario	45
	Álbum de ángeles	38
	Siguiendo	56
	Meta al día	56
	Éxito escolar	151
	Declaración de una visión	43

Palabra Clave	Remedio	Página
Dirección	*Descanso para un café	68
	Solución angélica	103
	Habitación de descanso	66
	Flotar en serenidad	66
	El juez	114
	Si o no	54
Decepción	*Puente al éxito	90
(superarla)	Solución angélica	103
	Cóccix	78
	Constructor de confianza	116
	El juez	114
	Correo de voz	90
Educación	*Excelencia académica	114
	Ritmo barroco	46
	Pieza por pieza	54
	Éxito escolar	151
	Fundación sólida	140
	Tiempo de prosperidad	55
Tener poder	*Surgimiento de poder	78
	Cóccix	78
	Constructor de confianza	116
	Bola de energía	128
	Surgimiento de poder	78
	Girando	127
Iluminación	*Habitación de descanso	66
	Solución angélica	103
	Descanso para un café	68
	Colores creativos	92
	Flotar en serenidad	66
	Correo de voz	90
Entusiasmo	*Girando	127
	Golpecitos de energía	126
	Ley de incremento	79
	Imán de dinero	150
	Fundación sólida	140
	Declaración de una visión	43

Palabra Clave	Remedio	Página
Expansión	*Expande tu territorio	152
	Ley de incremento	79
	Imagen del éxito	102
	Tiempo de prosperidad	55
	Declaración de una visión	43
	Afirmación de riqueza	115
Miedo	*Puente al éxito	90
(superándolo)	Solución angélica	103
	Ritmo barroco	46
	Técnica de la respiración	37
	Constructor de confianza	116
	El juez	114
Seguridad	*Imán de dinero	150
financiera	Efectivo bancario	92
	Dinero fácil	68
	Ley de incremento	79
	Baño de dinero	152
	Afirmación de riqueza	115
Concentración	*Ritmo barroco	46
	Niebla mental	45
	Imagen del éxito	102
	Sacando inventario	45
	Tiempo de prosperidad	55
	Correo de voz	90
Diversión	*Dinero de juguete	139
	Bola de energía	128
	Repetición instantánea	116
	Imán de dinero	150
	Estimulador de moral	102
	Correo de voz	90
Crecimiento	*Ley de incremento	79
	Felicidad en la carrera	104
	Constructor de confianza	116
	Expande tu territorio	152
	Ventas para el éxito	138
	El juez	114

Palabra Clave	Remedio	Página
Felicidad	*Puente al éxito	90
	Álbum de ángeles	38
	Habitación de descanso	66
	Ve por el oro	80
	Dinero de juguete	139
	Flotar en serenidad	66
Armonía	*Colores creativos	92
	Coro angélico	67
	Ritmo barroco	46
	Habitación de descanso	66
	Descanso para un café	68
	Flotar en serenidad	66
Salud	*Vitalidad extra	126
	Técnica de respiración	37
	Puente al éxito	90
	Constructor de confianza	116
	Bola de energía	128
	Girando	127
Paz interior	*Descanso para un café	68
	Coro angélico	67
	Técnica de la respiración	37
	Colores creativos	92
	Bola de energía	128
	Flotar en serenidad	66
Entrevistas	*Constructor de confianza	116
	Niebla mental	45
	Técnica de la respiración	37
	Felicidad en la carrera	104
	Ve por el oro	80
	Reuniéndote con un ángel	138
El propósito de la vida	*Álbum de ángeles	38
	Habitación de descanso	66
	Descanso para un café	68
	Ëxito escolar	151
	Correo de voz	90
	Si o no	54

Palabra Clave	Remedio	Página
Dinero	*Imán de dinero	150
	Rollos bancarios	80
	Efectivo bancario	92
	Signos de dólar	104
	Dinero de juguete	139
	Monedas de poder	128
Moral	*Estimulador de moral	102
	Escala al éxito	150
	Ve por el oro	80
	Éxito escolar	151
	Fundación sólida	140
	Girando	127
Negatividad	*Solución angélica	103
(superándola)	Cóccix	78
	Puente al éxito	90
	Ve por el oro	80
	Fundación sólida	140
	El juez	114
Negociaciones	*Ángeles negociando	91
	Cóccix	78
	Técnica de la respiración	37
	Reuniéndote con un ángel	138
	Estimulador de moral	102
	Surgimiento de poder	78
Redes de trabajo	*Reuniéndote con un ángel	138
	Técnica de la respiración	37
	Felicidad en la carrera	104
	Ángeles negociando	91
	Ventas para el éxito	138
	Baño de dinero	152
Oportunidades	*Establecimiento de metas	44
	Expande tu territorio	152
	Reuniéndote con un ángel	138
	Imán de dinero	150
	Surgimiento de poder	78
	Sacando inventario	45

Palabra Clave	Remedio	Página
Fuerza	*Surgimiento de poder	78
	Cóccix	78
	Constructor de confianza	116
	Bola de energía	128
	Repetición instantánea	116
	Vitalidad extra	126
Estrés	*Técnica de la respiración	37
	Ritmo barroco	46
	Puente al éxito	90
	Descanso para un café	68
	El juez	114
	Tiempo de prosperidad	55
Éxito	*Imagen del éxito	102
	Expande tu territorio	152
	Repetición instantánea	116
	Imán de dinero	150
	Éxito escolar	151
	Baño de dinero	152
Apoyo	*Siguiendo	56
	Coro angélico	67
	Reuniéndote con un ángel	138
	Estimulador de moral	102
	Flotar en serenidad	66
	Correo de voz	90
Trabajo en equipo	*Fundación sólida	140
	Siguiendo	56
	Repetición instantánea	116
	Ley de incremento	79
	Estimulador de moral	102
	Ventas para el éxito	138
Preocupación (superarla)	*Puente al éxito	90
	Solución angélica	103
	Técnica de la respiración	37
	Golpecitos de energía	126
	El juez	114
	Tiempo de prosperidad	55

Esta obra se terminó de imprimir en
Programas Educativos, S.A. de C.V.
Calzada Chabacano 65- A Col. Asturias
C.P. 06850, Méx. D.F.

Empresa Certificada por el Instituto Mexicano
De Normalización y Certificación A.C., bajo las
Normas ISO-9002: 1994/NMX-CC-004: 1995
con el núm. de registro RSC-048 e
ISO-14001-1996/NMX-SAA-001: 1998 IMNC
Con el núm. de Registro RSAA-003